A TRAVERS
L'ALGÉRIE

Un défilé en Kabylie.

BIBLIOTHÈQUE VARIÉE

A TRAVERS
L'ALGÉRIE

PAR

Le Docteur L.-M. REUSS

Ancien médecin militaire.

AVEC 22 DESSINS ORIGINAUX DE L'AUTEUR

PARIS
LIBRAIRIE GÉNÉRALE DE VULGARISATION
7, RUE DE VERNEUIL, 7

A TRAVERS L'ALGÉRIE

PREMIÈRE PARTIE

Situation géographique. — Climat. — Ethnographie. — Administration. — Mœurs.

L'Algérie, située au Nord de l'Afrique, présente en face du littoral européen de la Méditerranée, gracieusement courbé, une ligne presque droite, sur laquelle se détachent à peine de légères saillies. Elle s'étend entre le 36e degré de latitude nord et le 30e degré de latitude sud, entre le 6e degré de latitude est et le 4e degré de latitude ouest, en débordant un peu au delà de ces parallèles, à l'Orient et à l'Occident.

Limitée au Nord par la Méditerranée, au Sud par le Sahara, elle touche à l'Est à la Régence de Tunis, à l'Ouest à l'empire du Maroc. Elle forme ainsi la partie centrale de l'ancien Mar'reb des Arabes, qui s'étendait de l'Atlantique au golfe de Gabès. On peut la comparer grossièrement à un vaste rectangle dont la base septentrionale, longue de 1,100 kilomètres à peu près, est le rivage même de la Méditerranée ; la plus grande hauteur de ce rectangle est de 660 kilomètres environ, de Cherchell à El-Goleah.

L'Algérie est traversée dans le sens de sa longueur, c'est-à-dire parallèlement à la mer, par une chaîne imposante de montagnes, l'Atlas, qui en forme pour ainsi dire l'ossature. Le versant septentrional de cette chaîne, profondément raviné, hérissé de massifs et de pics, creusé de vallées étroites, constitue le *Tell*. Le versant méridional s'incline plus doucement et descend par des pentes successives jusqu'au *Sahara*, avec lequel il se confond.

Mais entre ces deux régions, le Tell et le Sahara, il en existe une troisième. La chaîne montagneuse qui forme le squelette de l'Algérie se bifurque à partir de l'Aurès ; la branche septentrionale continue à présenter les caractères et la physionomie du Tell, elle continue à suivre le littoral. La branche méridionale s'infléchit vers le Sud-Ouest ; elle présente des cimes moins élevées, ses massifs sont moins épais. Ces deux branches, en s'éloignant l'une de l'autre, circonscrivent une région considérable que l'on appelle la région des *Hauts-Plateaux*, nom bien justifié par l'altitude à laquelle elle se trouve. Les Hauts-Plateaux ne communiquent avec le Tell que par quelques vallées profondes, par des gorges sauvages et des pentes abruptes et dangereuses ; du côté du Sahara, au contraire, les bourrelets montagneux s'abaissent plus doucement et, à l'extrémité Sud-Est de la chaîne, s'interrompent tout à fait entre l'Aurès et le djebel Bou-Khaïl ; le Sahara touche au Tell par la trouée de l'Hodnâ.

Parmi les massifs importants de la chaîne septentrionale de l'Atlas, il faut citer : le massif *Africain* avec le Serdj-el-Aouda, au sud de Guelma ; le massif *Numidien* avec l'Edough (1,000 mètres d'altitude) ; le massif *Sitifien*, où le Guergour, le Magriz et le Babor atteignent 1,800, 1,700 et 1,970 mètres d'altitude ; le *Djurjura*, dont le pic le plus élevé, le Lella-Khedidja, a 2,308 mètres ; le massif *Algérien*, le massif de l'*Ouareusenis*, le massif du *Tessala*, enfin le massif *Tlemcénien*.

Le Tell est donc une région montagneuse ravinée et coupée de vallées ; cependant on y rencontre quelques plaines étendues, dont les principales sont la plaine de Bône, la splendide plaine de la Mitidja, aux portes d'Alger, la plaine du Chelif et la plaine d'Oran. Mais le Tell est aussi la région la plus fertile et la plus féconde de l'Algérie ; de nombreux cours d'eau l'arrosent et entretiennent sur le littoral une végétation luxuriante. Ses principales rivières sont, en allant de la frontière de Tunis à celle du Maroc, l'*oued Medjerda*, l'*oued Mafrag*, l'*oued Seïbouse* qui se jette dans la baie de Bône, l'*oued Saf-Saf*, l'*oued El-Kebir* (le grand fleuve) qui s'appelle à Constantine le *Rummel* et qui est formé par la réunion de l'*oued Bou-Merzoug* et de l'*oued Zaouch*, l'*oued Sahel* ou *Soummam*, l'*oued Sebaou*, l'*Isser*, l'*Harrach*, l'*oued Mazafran* ou *oued Chiffa*, le *Chelif*, la plus grande des rivières d'Algérie, la *Makta*, le *Rio-Salado*, la *Tafna*.

Enfin, nous trouvons encore dans le Tell quelques lacs, dont les plus importants sont celui de *Fetzara*, près Bône, et la *Sebkha* ou Grand Lac salé dans la province d'Oran.

Le bourrelet montagneux qui limite les Hauts-Plateaux au Sud comprend les massifs de l'*Aurès,* dont le pic le plus élevé, le Chelia, a 2,312 mètres; le *djebel Bou-Kahil* (1,500), le *dejebel Sahari*, le *djebel Amour* et le *djebel Ksan.* Les Hauts-Plateaux présentent une physionomie différente du Tell; ce sont de véritables steppes, couvertes d'un tapis de plantes et creusées de loin en loin de *chotts* ou de *sebkhas*, lacs intermittents, salés, qui reçoivent les eaux qui ici ne peuvent plus s'écouler dans la Méditerranée; ces lacs occupent le fond des plaines et sont remplis, pendant la saison des pluies, d'eau salée bientôt desséchée par le soleil, dans la saison chaude.

Ces lacs salés sont les *Sbakhr*, l'*Hodnâ*, le *Zaréz*, le *Sersou*, les *Chotts*.

Après le bourrelet montagneux qui limite au Sud les Hauts-Plateaux, commence le Sahara. Le Sahara n'est pas une plaine de sable, comme on se l'imagine d'habitude; il ne ressemble en rien à ce désert de convention dont on a nourri les imaginations depuis si longtemps. Le sol en est formé de marne et de gypse; il est couvert de plantes, qui n'ont aucune analogie avec celles que nous voyons en Europe : ce sont des broussailles tourmentées qui luttent désespérément pour ne pas mourir, exposées au vent qui les secoue avec rage, au soleil qui les brûle de ses rayons de feu; mais si, dans quelque endroit, il existe une nappe d'eau souterraine, un puits artésien, aussitôt les plantes maigres et rabougries se développent, se redressent, prospèrent et forment des massifs charmants; la culture s'empare de ces massifs, et l'oasis est créée.

Il ne faudrait pas croire, cependant, qu'il n'existe

pas de sable dans le Désert; outre ces broussailles, qui couvrent des étendues immenses, il présente divers aspects aux voyageurs. Ce sont tantôt des plaines rocailleuses, couvertes de cailloux, tantôt de vastes étendues de sable, striées par le vent avec une régularité parfaite et qui annoncent la région des dunes; ces dunes sont de petits monticules d'un jaune pâle, qui se déplacent par an de quatre mètres environ, sous l'influence du vent. Ce sont les montagnes mouvantes qui ensevelirent l'armée de Cambyse.

On rencontre exceptionnellement dans le Sahara des massifs montagneux, parmi lesquels nous citerons les montagnes de sable de l'*oued Souf*, le *djebel Tala*, le *djebel Mellasa* et le *djebel M'zab*. Enfin, là encore, comme dans la région des Hauts-Plateaux, nous trouvons, au milieu des bassins fermés qui constituent le Sahara, de larges dépressions remplies d'eau salée (1).

Le climat de l'Algérie est doux et sain. Pendant qu'en Europe nous grelottons, que la neige recouvre nos montagnes et nos vallées, le littoral Algérien jouit en Janvier, Février et Mars d'une température moyenne de 12° au-dessus de zéro; en Juillet, Août et Septembre, celle-ci s'y élève de 25° à 30°.

Sur les Hauts-Plateaux, les chaleurs de l'été sont plus fortes et souvent accablantes, les froids de l'hiver plus sensibles et souvent rigoureux. Cependant, la

---

(1) Nous renvoyons, pour de plus amples détails sur le Sahara, à une intéressante étude de M. Raoul Postel, LE SAHARA, parue dans la *Bibliothèque des notions indispensables*. — (A. Degorce-Cadot. Paris, 1883.)

brise de la mer entretient, même en Juillet et Août, une certaine fraîcheur sur la partie la plus septentrionale de ces plateaux. Là, comme dans le Tell, la température varie brusquement au coucher du soleil; les journées chaudes et brûlantes sont suivies de soirées fraîches et de nuits glacées. Le voyageur européen doit être averti de ces changements subits; malheur à lui s'il néglige les précautions d'usage, s'il ne se couvre de vêtements de laine, et s'il commet un de ces écarts de régime qui, sans conséquence en Europe, entraînent en Algérie des suites déplorables!

Du reste, malgré ces réserves, malgré la présence, dans certaines parties de la colonie, d'effluves marécageuses qui engendrent les fièvres paludéennes, le climat de l'Algérie, nous le répétons, est un climat salubre. Sa réputation n'est plus à faire, et depuis longtemps les Français, les Anglais, les Espagnols viennent en hiver se fixer sur son littoral pour réparer leur santé compromise; le temps n'est pas loin où Alger et surtout Mustafa-Supérieur détrôneront Nice, Cannes et les villes de la rivière, comme stations hivernales.

On s'explique, maintenant, comment un pays aussi fertile, aussi riche, aussi favorisé de la nature, a dû de tout temps tenter les conquérants; aussi l'Algérie a-t-elle été envahie et soumise, disputée et conquise par presque tous les peuples qui, tour à tour, ont dominé sur le bassin méditerranéen : ce sont les Phéniciens, qui ont fondé Carthage; les Romains, qui ont couvert la Numidie et la Mauritanie de monuments dont les ruines grandioses commandent aujourd'hui encore notre admiration; les Vandales de Genséric, qui ont disparu sans laisser de traces de leur passage parmi la population algérienne. Les Arabes qui s'aventurèrent en Algérie dès l'an 644 de notre ère n'y firent d'abord que de fructueuses razzias; peu à peu, cependant, tentés par le butin qu'ils rapportaient de leurs incursions, ils entreprirent la conquête du Mar'reb; leurs chefs aventureux traversèrent le pays en tous sens, et Okba poussa son cheval jusque dans les flots de l'Atlantique, en regrettant d'être arrêté par la mer et de ne pouvoir aller, dans des contrées plus éloignées, exterminer les peuples qui ne croient pas à Mahomet. Les Arabes s'établirent d'abord dans les villes, dont ils chassèrent les garnisons établies par les empereurs byzantins; longtemps après, vers le milieu du XIe siècle seulement, les Arabes nomades parurent pour la première fois en Algérie, et, refoulant les habitants des plaines dans les montagnes, campèrent dans les vastes étendues ainsi conquises, dont ils firent leur domaine.

Les Arabes qui sont restés dans les villes, les Arabes citadins, sont devenus les Maures; les autres, les Nomades, qui forment l'immense majorité de la population arabe, qu'ils soient nomades proprement dits ou établis dans les ksours des oasis, sont groupés par tribus, dont chacune possède un territoire particulier.

A côté des Arabes vivent les Kabyles; ils sont en ligne directe les descendants des anciens possesseurs de l'Algérie; ils sont les fils de ces Berbères qui avaient donné le noBerp webérie à tout le Mar'reb. Soumis par les Carthaginois, ils furent pour les Romains une cause d'ennuis sans nombre; des révoltes, des insurrections, dont la plus terrible fut celle de Jugurtha, leur montraient la force et la vitalité de ce peuple qui ne voulait pas mourir. Jamais l'intérieur des Mauritanies ne fut entièrement pacifié.

Les Arabes refoulèrent les Berbères dans leurs montagnes presque inaccessibles, où ils sont restés cantonnés depuis ; ils ne se mêlèrent pas aux nouveaux conquérants, Musulmans comme eux, mais gardèrent leurs mœurs, leur caractère et leur constitution démocratique. Ils occupent dans la province d'Alger, sur tout le côté montagneux désigné d'une manière conventionnelle sous le nom de Grande-Kabylie, l'Ouaransenis, les cercles de Cherchell et de Tenès ; dans la province de Constantine, la Petite-Kabylie, la Kabylie orientale, l'Aurès ; dans la province d'Oran, les tribus du Dahra, les Flita, les Trara, les M'sirda, etc., sont kabyles ; enfin les tribus des Beni-M'zab, des Ouarglà, des Touareg, des Ziban, des Rouar'a sont également des tribus kabyles.

Les Turcs ont laissé, eux aussi, des traces de leur passage en Algérie ; ils ont dominé longtemps à Alger, à Oran, à Constantine et sur tout le littoral ; on ne trouve plus guère aujourd'hui de véritables Turcs en Algérie, mais il existe encore un certain nombre de Koulourlis, fils de Turcs et de femmes mauresques, race énergique et brave qui tend à disparaître tous les jours.

Les Nègres descendent des anciens esclaves, affranchis lors de la conquête française ; l'abolition de l'esclavage réduit leur nombre chaque année. L'immigration seule peut le maintenir au chiffre où il est actuellement.

Les Juifs sont nombreux en Algérie ; ils y sont venus d'un peu partout, mais surtout d'Espagne, fuyant les effroyables persécutions dont ils étaient l'objet ; bien accueillis des Arabes, dont ils étaient les argentiers, les bijoutiers, les changeurs, et auxquels ils achetaient le butin de leurs pirateries, ils furent persécutés par les Turcs : ils ont salué la conquête française comme une délivrance. Les Juifs habitent surtout les villes, où ils se livrent en général au commerce de l'argent et des bijoux, qui leur est cher.

Les gens de Tunis, du Maroc, les M'zabites, les Biskris, les Kabyles, les Nègres, qui viennent momentanément vivre et exercer leur industrie dans les villes du Tell, sont les Berranis ou « gens du dehors ».

L'Algérie compte, outre ces populations plus ou moins indigènes, des Espagnols, des Italiens, des Allemands, des Suisses, et surtout des Maltais. Enfin 270,000 Français, abstraction faite de l'armée, y représentent la métropole.

L'Algérie, gouvernée depuis la conquête par un général ou un maréchal de France qui portait le titre de gouverneur de l'Algérie, est, depuis 1878, administrée par un gouverneur civil. Ce gouverneur ne dépend plus du ministre de la guerre ou de celui de l'intérieur seuls. Il administre la colonie en vertu de pouvoirs spéciaux qui lui sont délégués par tous les ministres, responsables de ses actes devant le Parlement ; mais il a la haute main sur le personnel administratif algérien, qui ne peut être nommé ou déplacé sans son avis. Le gouverneur est assisté d'un secrétaire général du gouvernement.

L'Algérie est divisée en trois départements, administrés chacun par un préfet ayant sous ses ordres un certain nombre de sous-préfets, d'administrateurs de communes mixtes, de maires et de *cheikhs* ou adjoints indigènes.

Les villes et les communes de plein exercice sont administrées par un maire, les communes mixtes par un administrateur, les communes indigènes par un caïd qui reçoit l'investiture du gouvernement français et qui a souvent sous ses ordres, si la tribu est nombreuse, un ou plusieurs cheikhs.

Les communes de plein exercice sont celles qui jouissent de toutes les franchises concédées aux communes de la métropole. Elles élisent leurs conseils municipaux, où les étrangers et les indigènes peuvent être appelés.

Les communes mixtes sont des circonscriptions où l'élément européen forme l'infime minorité ; elles sont administrées par un administrateur civil dans le territoire civil, par une commission présidée par le commandant supérieur faisant fonctions de maire dans le territoire militaire.

Ces deux espèces de communes ont souvent des annexes, hameaux ou *douars*, situées quelquefois à une assez grande distance.

Les communes de plein exercice n'existent que dans le territoire civil. Le territoire civil forme à lui seul le département; l'autorité du préfet expire à sa limite. Le territoire militaire, situé au sud du premier, est administré par le général commandant la division militaire, sous la haute autorité du commandant du 19ᵉ corps d'armée.

Chaque département a son conseil général; dans chacun de ces conseils, le gouverneur appelle des assesseurs indigènes, qui n'ont que voix consultative.

Enfin, les rouages du gouvernement sont complétés par deux grands conseils : le conseil de Gouvernement et le conseil supérieur de l'Algérie.

Le commandement militaire appartient au commandant du 19ᵉ corps, dont le siège est à Alger.

Chacune des trois divisions, correspondant aux trois départements, est commandée par un général de division, ayant sous ses ordres plusieurs généraux de brigade, les commandants supérieurs de cercle, les Bureaux arabes, les Chefs indigènes.

La justice est rendue, comme en France, par des juges de paix, des tribunaux de simple police, de police correctionnelle, par la cour d'Assises et la cour d'Appel. Les Indigènes peuvent recourir à la justice particulière du Kadi.

Les Arabes, en effet, tant qu'ils ne sont pas naturalisés Français, jouissent de leur statut personnel et ne sont soumis qu'à l'impôt. La France a jusqu'ici respecté leurs mœurs, leurs habitudes, leurs coutumes, à condition toutefois que la sécurité et le libre fonctionnement de nos institutions n'en soient point troublés.

J'aurai l'occasion de parler des mœurs des Kabyles, en décrivant les montagnes pittoresques qu'ils habitent ; quant à celles des Arabes, il vaut mieux en dire quelques mots tout de suite, car elles sont les mêmes dans toutes les tribus, quelle que soit la portion du territoire occupée par elles.

Les Arabes sont divisés en tribus ; ces tribus consistent dans la réunion des familles qui sont ou se croient issues d'ancêtres communs.

Une profonde solidarité unit ces familles, solidarité

entre elles et contre les ennemis du dehors. Beaucoup de ces tribus sont nombreuses et puissantes, d'autres sont réduites à quelques familles ; quelques-unes ont totalement disparu. Le nombre des individus varie de cinq cents à quarante mille par tribu ; en tout cas, il est bien inférieur au chiffre de la population que le territoire de la tribu peut nourrir (1). Les tribus se divisent elles-mêmes en fractions, suivant leur importance ; ces fractions s'appellent des *douars*. Qu'un chef de famille réunisse autour de ses tentes celles de ses proches parents ou alliés, de ses fils, de ses serviteurs, sur les terres qu'il possède, le douar est constitué ; il en est le chef, le cheikh, et lui donne son nom ; mais il n'a, au point de vue gouvernemental, aucune influence, aucune fonction. C'est le besoin commun de se défendre, de protéger les richesses et les troupeaux qui a réuni ces familles et leur a fait reconnaître l'autorité d'un chef choisi dans leur sein. Tous les peuples nomades opèrent de même, et l'histoire d'Abraham, de Jacob et des douze tribus d'Israël suffit à elle seule pour l'attester.

La constitution de la société Arabe est éminemment aristocratique ; on y trouve trois espèces de noblesses. La *noblesse d'origine* est celle qui descend de Fatma Zohra, la fille du Prophète, ou de sidi Ali-Abi-Taleb, son oncle ; les membres de cette noblesse prennent le nom de *Chérif*. La *noblesse militaire*, dont les membres s'appellent des *Djouad* et descendent soit de la tribu des Koraïche, qui était celle de Mahomet, ou d'anciennes et célèbres familles du pays, vient après.

(1) Piesse, *Itinéraire de l'Algérie*. (Paris, Hachette, 1882.)

Enfin, il existe une *noblesse religieuse*, dont les membres ou *Marabouts*, stricts observateurs du Koran et des préceptes du Prophète, sont des hommes pieux, que la croyance vulgaire croit être plus près de Dieu que les autres hommes ; leurs décisions sont écoutées mieux que celles du Kadi ; la vénération et le respect universels les entourent, et, quand ils prêchent la guerre sainte, leur parole fait surgir de terre des armées nombreuses et fanatiques.

Ces trois noblesses sont héréditaires : au-dessous d'elles, le peuple grouille dans l'ignorance et dans la pauvreté ; quelques propriétaires de terres ou de troupeaux font seuls exception.

L'Arabe a la taille grande et bien prise, le visage ovale, le nez busqué, les yeux noirs et brillants, les lèvres minces ; il est de race blanche ; sa barbe et ses cheveux sont noirs. Le crâne est rasé ; on ne laisse qu'une mèche au sommet de la tête, par laquelle, au jour du jugement dernier, les anges viendront saisir les vrais croyants et les transporteront dans le paradis de Mahomet.

Sa tête est, du reste, toujours couverte par le haïk, autour duquel s'enroule une corde en poil de chameau ; ses vêtements, gandoura et burnous, sont en laine.

L'Arabe, malgré son grand air de fierté, sait être humble et obséquieux, s'il le faut ; son orgueil, sa fatuité, son arrogance sont proverbiales ; il est superstitieux et couvre d'amulettes et de talismans lui-même, ses femmes, ses enfants, et jusqu'à ses chevaux et ses chiens.

L'hospitalité est une vertu chez lui ; les Arabes de grande tente la pratiquent noble et princière, en comblant au départ le voyageur qui est venu se reposer sous leur tente et partager avec eux le kouskoussou de présents magnifiques.

Chef arabe.

Pourquoi, à côté de qualités charmantes, faut-il signaler ce vilain défaut de l'avarice, qui fait enfouir aux Arabes une grande partie de leurs richesses, les retirant ainsi de la circulation et en appauvrissant d'autant et leurs tribus et la colonie tout entière ? Je me rappelle que, lors du paiement des amendes après l'insurrection de 1871, beaucoup de tribus envoyaient leurs contributions en pièces de cinq francs, dont l'effigie ancienne et la couleur noire indiquaient hautement leur long et stérile séjour dans quelque cachette souterraine.

L'avarice n'est pas le seul défaut des Arabes ; ils sont également trompeurs, paresseux et souvent voleurs.

La vie de ce peuple se passe, en général, sous la tente.

Les nobles seuls habitent des maisons ou des bordjs, autour desquels s'installent les douars. Essentiellement nomade, l'Arabe possède des troupeaux qu'il fait paître sur le territoire de sa tribu, ou cultive la terre, mais ne plante pas d'arbres et ne bâtit point de maisons. Sans avoir l'industrie des Kabyles, les artisans arabes fabriquent des selles, des harnais et des mors.

L'amour du cheval est, en effet, la passion dominante de l'Arabe ; il y a longtemps que les lithographies et les chansons de 1830 ont popularisé l'Arabe et son coursier. Il n'y a là exagération ni de la part du poète, ni de la part de l'artiste. Le cheval est réellement le seul, le véritable ami de l'Indigène ; il en prend un soin extrême, le caresse, lui parle, le harnache, l'attiffe d'ornements somptueux, et partage avec lui sa dernière goutte d'eau, sa dernière croûte de pain ; il le préfère, à coup sûr, à sa femme, peut-être à ses enfants : le cheval, du reste, lui rend cet amour avec usure, et il faut voir comment il se redresse fièrement, entendre quels hennissements joyeux il pousse quand son maître, posant le pied sur le large étrier triangulaire, s'élance sur son dos, et, rendant les rênes, lui permet de dévorer l'espace. La femme arabe est l'humble servante du maître; c'est elle qui tresse les vêtements, les étoffes des tentes, les sacs dont se sert la tribu; c'est elle qui va chercher l'eau aux sources souvent éloignées, elle qui cultive le maigre jardin, et qui prépare le kouskoussou : femme de plaisir chez le riche, elle est la bête de somme du pauvre. Quand on rencontre un douar en voyage, on est surpris de voir les femmes, portant leur dernier-né, ou chargées d'ustensiles de toutes sortes, suivre péniblement leurs maris, qui se prélassent sur des chevaux ou des mulets. Elles-mêmes n'ont garde de se plaindre; leurs mères ont vécu comme elles, et d'ailleurs, au moindre signe de révolte, les coups de bâton les font rentrer dans le devoir. A ce dur métier, elles vieillissent avant l'âge et ne sont plus, à trente ans, que des êtres affreux, qui seraient grotesques si l'on ne devinait, sous les rides, leurs souffrances et leurs fatigues.

PROVINCE DE CONSTANTINE

Bône. — Constantine. — Sétif. — Mila. — Bougie.—Djidjelli. — Collo. — Batna. — Tebessa. — Biskra. — Tougourt. — Bourdj-bon-Areridj.

Lorsqu'il arrive en vue de Bône, le voyageur, sondant l'horizon du haut du pont du navire qui l'amène de France, n'éprouve pas l'éblouissement, l'émotion que lui donnerait le spectacle d'Alger, bâtie en amphithéâtre et baignant les pieds de ses maisons blanches dans les flots bleus de la Méditerranée.

Ici, rien de majestueux, rien de grand, rien d'imposant ne frappe la vue, et j'avoue que j'eus un instant de désappointement en apercevant cette côte banale, avec ses collines verdoyantes se détachant vigoureusement sur les montagnes qui bornent l'horizon.

Le port de Bône est situé dans l'anse du Cassarin, une des trois anses qui creusent la baie de Bône; les deux autres s'appellent les anses du Caroubier et du Fort-Génois. Le port de Bône est peu profond, et la Seïbouse menace de l'ensabler peu à peu par ses apports; on y a construit deux jetées de 650 et de 800 mètres, qui circonscrivent un avant-port de soixante-dix-neuf hectares.

La ville elle-même, l'antique Hippone, paraît bien déchue de ses splendeurs passées, quoique la conquête française ait fait d'elle une des plus importantes stations du littoral. Placée au milieu de cette belle plaine qu'arrosent la Seïbouse et l'oued Bou-Djema, peuplée déjà de 23,000 habitants, Bône est le débouché, l'entrepôt naturel des produits de l'agriculture, des exploitations minières importantes du voisinage et des denrées du Sud; ce n'est pas de la présomption que de lui prédire encore de brillantes destinées, et déjà la ville moderne, qui s'est greffée sur la vieille cité barbaresque, est un gage certain de son avenir.

Quoi qu'il en soit, quand, après avoir débarqué sur les quais du port, on pénètre dans la ville par la porte de la Marine, on est frappé tout d'abord du mélange hétéroclite de l'architecture européenne et de l'architecture arabe, que nous retrouverons dans toutes les villes de l'Algérie. Cependant les magasins, les boutiques à la française, les maisons aux nombreuses fenêtres, aux balcons garnis de rampes de fer, tendent de plus en plus à prendre la place des vieilles masures mauresques, et les échoppes des Maures, des Juifs et des M'zabis deviennent chaque jour plus rares.

Les rues de la vieille ville sont tortueuses et étroites, bordées de constructions mesquines, parmi lesquelles on chercherait en vain les palais enchantés dont l'imagination se plaît à peupler les villes arabes. Ça et là, dans cet ancien quartier, une rue moderne passe, éventrant les vieilles maisons, démolissant les échoppes poudreuses, amenant au milieu de ces débris des siècles passés la lumière et la civilisation. Le vieux quartier recèle pourtant des coins charmants; telle la place d'Armes, bordée de maisons à arcades, décorée d'un square planté d'orangers et de palmiers au milieu desquels une fontaine à l'eau jaillissante entretient une délicieuse fraîcheur. C'est sur cette place que se trouve la mosquée de Djama-el-Bey, le principal édifice religieux musulman de Bône.

Séparant la vieille ville de la nouvelle, le Cours National, ouvert sur l'emplacement du rempart Ouest, est la plus belle promenade de Bône; l'église catholique, le théâtre, de beaux cafés, de jolies maisons particulières la décorent. A l'une des extrémités s'élève la statue de M. Thiers; on y jouit d'une large vue sur la mer, et elle est devenue le lieu de réunion de la population européenne.

On pourrait s'y croire en France, si l'œil n'était à chaque instant distrait et charmé par le passage de quelque Arabe fièrement drapé dans son burnous blanc, d'une Mauresque dont les longs voiles bleus ne laissent apercevoir que deux yeux noirs et brillants, ou de quelque Juif en toilette, se dandinant dans son costume aux couleurs voyantes, brodé et soutaché sur toutes les coutures. Mais à Bône, comme ailleurs, il ne faut pas s'absorber dans ses contemplations; certes on n'y a pas à craindre le va-et-vient continuel des voitures, comme dans une grande ville européenne, mais il faut se garer devant les « *Ari, ari* » des Arabes, qui poussent leurs petits ânes pliant sous le faix de leur charge et trottinant droit devant eux, sans se soucier du passant.

La ville est défendue par une enceinte bastionnée et par des batteries établies le long de la rade. L'ancienne Kasbah, illustrée par les capitaines d'Arnaudy et Yusuf, est devenue une maison de détention; on y jouit d'une vue magnifique.

Bône ne vaut guère qu'on s'y arrête. Aussi bien a-t-elle encore un peu l'apparence d'une ville d'Europe, et l'on a hâte, en y débarquant, de s'enfoncer plus avant dans les terres.

C'est ce que nous allons faire aussi, et nous allons suivre la route de Constantine, nous dirigeant vers le Sud.

Un chemin de fer relie aujourd'hui Bône à Constantine en passant par Guelma. Les chemins de fer suppriment les distances; on voyage commodément dans un wagon, bien clos, bien capitonné, et l'on se trouve transporté sans fatigue, bercé par le roulement monotone du train, avec une vitesse merveilleuse. Mais, en voyageant en chemin de fer, on n'a qu'un aperçu général des pays que l'on parcourt; à travers les glaces du wagon, on voit défiler comme dans une lanterne magique les paysages les plus divers, sans pouvoir en retenir aucun; on s'arrête dans les villes, et l'on n'emporte des sites parcourus qu'un souvenir vague et confus, et souvent le regret de n'avoir pu les contempler plus longtemps.

Ce n'est donc pas en chemin de fer que doit voyager le touriste qui se propose de parcourir l'Algérie; il ne doit recourir à ce mode de locomotion que si la route à suivre ne présente pas d'intérêt, ou si la voie ferrée passe précisément à travers les parties les plus pittoresques de son itinéraire. Ce ne sont pas les villes qui sont le plus intéressantes en Algérie; elles ont perdu en grande partie leur cachet original et attachant, depuis la conquête. Ce sont les centres arabes, les bourgades kabyles mollement couchées dans une mer de verdure, audacieusement penchées au flanc abrupte des montagnes ; ce sont les gorges profondes, les ravins étroits, les cols vertigineux de la Kabylie, les steppes des Hauts-Plateaux, les vallées florissantes du Tell qu'il faut voir de près pour avoir une idée exacte de l'Algerie, des beautés sans nombre de sa sauvage nature, des ressources merveilleuses de son sol et des entrailles de ses montagnes.

La route de terre de Bône à Constantine se dirige vers le Sud-Ouest, au pied de l'Edough, et souvent parallèlement au chemin de fer que la Compagnie de Mokta-el-Hadid a fait construire pour l'exploitation de ses mines de fer ; les mines d'Aïn-Mokhra et de Karésas sont les plus riches mines de fer du monde. Les terres qui bordent la route sont fertiles et bien cultivées ; des deux côtés ce ne sont que champs de blé entrecoupés de terres en friche et de petites forêts. Souvent, dans ces bois, la route passe au milieu de landes de bruyères, de un à deux mètres de hauteur; ces bruyères, au printemps, sont chargées de fleurs, et leurs corolles roses ou blanches, grandes et éclatantes, laissent loin derrière elles les modestes *Erica* qui tapissent nos collines françaises.

Bientôt la route longe le lac de *Fetzara*, magnifique étendue d'eau que bordent au nord les monts Edough, et déroulant à la gauche du voyageur son splendide panorama. Ce lac, dont les eaux sont amères et salées, est la patrie des grèbes, ces jolis oiseaux qui bâtissent des nids flottants, et dont les Arabes utilisent le plumage pour faire des sachets et des pelisses. La superficie totale du Fetzara est de 12,700 hectares. Rien de plus charmant que le spectacle qu'il offre, le soir, avec ses grands bouquets de roseaux aux panaches ondoyants, ses rives fleuries, où se promène gravement quelque flamant, son eau bleue reflétant les montagnes dont elle baigne le pied, et, au loin, noyées dans les vapeurs dorées par le soleil couchant, les cimes du Mendchoura sur lesquelles se détache vigoureusement une envolée de cigognes.

Malheureusement pour le pittoresque, le lac Fetzara est condamné : on va procéder à son défrichement. La salubrité de la plaine y gagnera, car ses eaux entretiennent des miasmes paludéens, et l'agriculture se trouvera dotée de terrains fertiles d'une grande étendue.

A quelques kilomètres du lac s'élève le caravansérail d'Aïn-Mokhra, qui est la première étape du touriste qui voyage à cheval ou en voiture sur la route de Constantine. Aïn-Mokhra, ou la *Fontaine-Folle*, ainsi appelée parce qu'elle est intermittente, a donné son nom au caravansérail, qui fut longtemps l'unique habitation dans ces parages. Le caravansérail d'Aïn-Mokhra ressemble à tous ceux que nous rencontrerons sur notre route en Algérie. Il est formé par une construction rectangulaire, ayant une cour centrale et flanquée à chaque angle d'une tour carrée ; les murs sont blanchis à la chaux et percés, à l'extérieur, de rares meurtrières ; les chambres, les écuries, les remises s'ouvrent sur la cour intérieure, à laquelle on accède du dehors par une porte cochère ; au milieu de la cour, une fontaine ombragée de peupliers, d'oliviers et de saules.

Le propriétaire du caravansérail habite quelques-unes des chambres, ordinairement disposées de chaque côté de la porte d'entrée ; les autres sont louées aux voyageurs; souvent, il existe un étage supérieur qui peut servir aussi de logement. En face, de l'autre côté de la cour, sous une galerie couverte, les écuries; les deux petits côtés du rectangle sont occupés par les remises, les celliers, les bûchers.

Un Caravansérail.

Ces caravansérails ont rendu et rendent encore de grands services aux rouliers, aux voyageurs, aux troupes en marche; on est sûr d'y trouver un gîte, un repas peut-être frugal, en tout cas un abri. Construits solidement, ils ont résisté aux masses arabes insurgées qui battaient leurs murailles. Beaucoup d'entre eux sont devenus le centre d'un village ou d'une petite ville, comme Aïn-Mokhra, qui compte aujourd'hui 2,215 habitants. C'est à un kilomètre de ce petit centre que se trouvent les mines de fer Mokta-el-Hadid, dont le minerai est exporté jusqu'en Amérique.

D'Aïn-Mokhra, la route traverse obliquement la plaine qui du lac Fetzara s'étend jusqu'au pied du *djebel Safia;* c'est une plaine fertile, entrecoupée de bouquets d'arbres, traversée par l'*oued Samedja,* et dont la culture fait un jardin perpétuel. La vallée du Fendek mène ensuite à Jemmapes, jolie petite ville de 2,000 habitants environ, de construction moderne, dont les rues larges et bien aérées convergent vers un square au milieu duquel se dresse un monolithe de cinq mètres de haut, que l'on a tiré d'une carrière des environs. Les monuments de Jemmapes, l'église, les écoles, le marché, n'ont rien de remarquable, mais la ville respire un air de gaieté et de bonne humeur qui la fait trouver charmante. Jemmapes est à 65 kilomètres de Bône; c'est le siège d'une justice de paix. Ses environs sont remplis de ruines romaines, de pierres tumulaires, de débris d'autels votifs, à Djendel, à *Ahmed-ben-Até,* à Robertsau. Ce dernier village rappelle un nom alsacien, le nom d'un village de la banlieue de Strasbourg. C'est, en effet, un centre créé par la Société d'Alsace-Lorraine pour les émigrants alsaciens, au milieu de la jolie vallée du *Fendek.* Près de Djendel, les Arabes fréquentent les sources thermales sulfureuses, dont l'eau est à une température de 40°.

De Jemmapes à Saint-Charles, la route traverse la vallée du Fendek, puis longe l'*oued Zerya.* Saint-Charles est joli et emprunte un cachet particulier à la situation de son église et de son presbytère, perchés sur les flancs d'une colline et entourés d'arbres; les maisons sont coquettes, englobées de vergers et de cours, abritées sous des oliviers. L'oued Zerga et l'oued Saf-Saf s'y rencontrent ; leurs eaux entretiennent la fraîcheur et la fertilité de cette vallée, l'une des plus luxuriantes de l'Algérie. Saint-Charles est une station de chemin de fer de Philippeville à Constantine. C'est chose bizarre que de voir les Arabes prendre leurs billets de chemin de fer, s'entasser dans les wagons, avec cette placidité et ce calme qui ne les quittent jamais. Pendant longtemps, les Arabes ont laissé aux seuls *Roumis* ce monopole ; peu à peu cependant, ce genre de locomotion, commode et économique, est entré dans leurs mœurs, et aujourd'hui ils en profitent largement.

Pour aller de Saint-Charles à Constantine, il vaut mieux prendre le chemin de fer que de faire la route à cheval ou en voiture. La voie passe, en effet, par les parties les plus pittoresques du massif montagneux, et les travaux d'art qu'a nécessités sa construction méritent qu'on les admire. La route de terre continue à suivre la vallée du Saf-Saf, puis celle de l'*oued Emsa ;* le chemin de fer, dès Saint-Charles, la laisse à gauche et monte lentement le long des flancs des montagnes. Robertville, la première station, est un beau village, de création moderne, entouré de magnifiques oliviers. C'est à partir de la gare d'El-Harrouch que la voie s'avance réellement au milieu de paysages d'un caractère grandiose; ce ne sont que parois rocheuses, dénudées et brûlées, au milieu desquelles se creusent les tunnels, que ponts jetés sur des abîmes d'une profondeur vertigineuse où grondent les torrents, que ravins escarpés où végètent misérablement quelques lentisques ou quelques touffes d'alfa. Rien ne trouble le silence de ces gorges abruptes, si ce n'est le sifflement de la locomotive ou le vol effaré de quelques oiseaux qu'effraie le bruit du train montant péniblement le long des flancs de la montagne. Quelquefois pourtant, au détour de la voie, par une échappée brusque, on aperçoit quelque beau village, comme El-Harrouch avec ses plantations d'eucalyptus, des vallées verdoyantes, des panoramas merveilleux, comme celui des *Toumiet* ou des Deux-Jumelles. Ce sont deux montagnes ou plutôt deux pitons qui affectent la même forme, que l'on découvre à gauche de la voie.

Celle-ci fait des détours fréquents; le voyageur songe involontairement aux paysages de l'Auvergne, près du Mont-Dore, que ces montagnes rappelleraient tout à fait si elles étaient moins désertes. On passe Condé, Smendou, Bizot, après lequel la voie descend pour gagner Le Hamma, dans la vallée du Rummel, qui emprunte son nom à ses sources thermales abondantes, et qui est entourée de 1,200 hectares de jardins où le palmier du Sahara, l'olivier, le peuplier du Nord croissent côte à côte, faisant de cette petite ville un des joyaux de la province.

Du Hamma le chemin de fer remonte en serpentant jusqu'aux derniers contreforts qui abritent Constantine; il quitte les mamelons que surplombe à l'ouest le *Chettâba*, et, traversant sous deux tunnels les parois rocheuses qui portent au front l'inscription suivante: « *Limes fundi Sallustiani*, » il débouche au pied du Mansourah, et s'arrête sur le bord même du ravin au fond duquel le Rummel précipite ses eaux bouillonnantes.

En sortant de la gare de Mansourah, le voyageur

ne peut retenir un cri d'admiration devant le spectacle majestueux qui s'étale à ses yeux : en face de lui, la petite plaine qui s'étend au pied du Mansourah ; puis, superbe et fière, vrai nid d'aigle sur son rocher inaccessible, Constantine avec ses tours, ses minarets, ses coupoles dorées au soleil couchant ; à ses pieds, le ravin, effrayant précipice que traverse en une courbe hardie le pont d'El-Kantara ; à l'horizon, le Chettâba dressant dans les airs sa croupe mamelonnée.

Mais déjà les cris des portefaix, les appels des cochers d'omnibus, les supplications d'un mendiant arrachent le touriste à sa contemplation ; il quitte à regret ce panorama splendide, dont le souvenir restera en lui comme une vision radieuse de l'Orient.

Constantine, l'antique Cirta, la citadelle de Jugurtha, est bâtie sur un promontoire contourné par le Rummel, que dominent les hauteurs de Mansourah et de Sidi-Mecid, et séparé de ces hauteurs par un précipice, véritable abîme au fond duquel coule le fleuve. La ville s'étage sur un plateau qui a la forme d'un trapèze, et dont la plus grande diagonale présente une inclinaison de 110 mètres. La Kasbah est placée au point le plus élevé de ce plateau, à 644 mètres au-dessus du niveau de la mer ; la pointe de Sidi-Rached en est le point le plus bas, et n'a plus que 534 mètres.

Le Rummel, qui s'approche de la ville par son angle Sud où il forme une cascade, coule ensuite le long des côtés Sud-Est et Nord-Ouest, au fond du ravin qui en défend les approches ; à l'extrémité septentrionale, où s'élève la Kasbah, il forme de nouvelles et grandioses cascades, encadrées par des rochers de 300 mètres, s'infléchit vers le Nord et quitte les abords de la ville.

Pendant qu'il en contourne les rochers, le Rummel disparaît plusieurs fois sous terre, pour reparaître un peu plus loin ; ces pertes du fleuve forment une série de ponts naturels, dont le plus grand a 100 mètres de largeur.

Sur le troisième côté, qui s'étend de la Kasbah (angle Nord) à El-Açous (angle Ouest), le flanc du promontoire est très escarpé et presque inaccessible.

Le quatrième côté seul, entre Sidi-Rached et El-Açous, rattache Constantine au massif dont a dû être séparé, par une catastrophe gigantesque, le bloc sur lequel la ville a été bâtie. Ce côté est le seul point par lequel elle soit facilement abordable.

Constantine compte aujourd'hui 35,000 habitants, parmi lesquels 8,750 Français et près de 4,000 étrangers. Elle est la résidence du général commandant la province, du préfet, de l'évêque, et de tous les chefs supérieurs de l'administration du département ; elle possède un tribunal de première instance et un tribunal de commerce. De toutes les villes de l'Algérie, bien plus qu'Alger, bien plus qu'Oran, elle a gardé le mieux sa physionomie première ; quoique la civilisation y ait déjà marqué ses étapes au moyen de la pioche des démolisseurs, quoique des rues nouvelles éventrent en partie la vieille cité, elle donne encore l'impression d'une ville arabe, et, dans tels de ses vieux quartiers, n'étaient les noms français accolés à ses ruelles étroites et tortueuses, on ne se douterait pas que depuis cinquante ans bientôt notre drapeau flotte sur les murs de sa Kasbah.

Ce ne fut pas sans de durs et cruels sacrifices que la capitale d'Hadj-Ahmed tomba en notre pouvoir. La première expédition, tentée en plein hiver, au milieu des tourmentes de neige et de grêle, est surtout célèbre par la retraite qu'effectua l'armée, incessamment harcelée par les cavaliers ennemis, troublée par le manque de vivres, attristée par des pertes nombreuses, mais vaillamment supportée par les soldats et fermement guidée par le maréchal Clauzel.

Un an après, le 6 octobre 1837, le général Damrémont reparut en face de Constantine; le 12, nos batteries avaient pratiqué une brèche, et le général envoyait un parlementaire dans la ville pour demander sa reddition. Il reçut cette fière réponse, qui peint bien le caractère chevaleresque et vantard à la fois des Arabes : « Si les Français n'ont plus de poudre, ni de pain, nous leur en donnerons; nous défendrons à outrance nos maisons et notre ville. On ne sera maître de Constantine qu'après avoir égorgé son dernier défenseur. »

Le général ordonna l'assaut, mais il n'en put recueillir la gloire : il fut tué, ainsi que le général Perregaux, pendant qu'il observait les approches de la ville. Le général Valée prit alors le commandement et dirigea l'attaque. Le 13 octobre, nos troupes entraient à Constantine, malgré l'héroïque résistance de Ben-Aïssa, le lieutenant d'Ahmed; mais elles avaient fait de grandes pertes, parmi lesquelles le colonel Combes et le commandant de Sérigny, écrasé avec tout un peloton du 2ᵉ léger par un mur qui s'écroula sur eux.

Ahmed-Bey assistait du haut d'une colline voisine à la prise de Constantine : comme Boabdil, le dernier roi de Grenade, il versa des larmes en voyant sa capitale saccagée, ruinée, livrée au pillage; puis il tourna la bride de son cheval, et, partant au galop avec sa cavalerie, il s'enfuit vers le Sud et prit la direction du Désert, où il alla cacher sa douleur et l'espoir de sa vengeance.

Quand on est arrivé à Constantine le soir, et qu'on se réveille le lendemain soit à l'Hôtel d'Orient, soit à l'Hôtel de Paris, on croit avoir été transporté, pendant la nuit, dans quelque pays des rêves ou des contes orientaux.

Le spectacle que présente, en effet, la place de la Brèche est unique au monde. C'est par elle que la vie du dehors pénètre dans la ville; c'est par elle que passent tous les convois, tous les voyageurs, toutes les voitures qui n'entrent ou ne sortent pas par la porte d'El-Kantara, et c'est l'immense majorité. Le voyageur, accoudé au balcon de sa fenêtre, voit en face de lui une place assez belle, sur laquelle s'élèvent le théâtre et le marché couvert, et limitée par une porte qui sépare la place de la Brèche de l'esplanade Valée ; cette place, dès le matin, est encombrée de passants : des militaires de toutes armes, des colons avec leurs grands chapeaux, le pantalon dans les bottes, arrivant à cheval ou dans leurs voitures, des maquignons arabes faisant valoir leurs chevaux dont la robe brille au soleil, des Mauresques voilées, des Juives aux éclatants costumes, des Arabes graves et dignes égrenant leur chapelet, passent, se coudoient, crient et se remuent dans un fouillis charmant à l'œil. Vienne une dispute, aussitôt des clameurs discordantes s'élèvent dans les airs, l'oreille en est assourdie, et l'on entend longtemps encore les cris des deux parties quand déjà elles se sont perdues dans les ruelles voisines.

Bientôt, toute cette animation vous gagne, et on

éprouve le besoin de s'y mêler; on sort, et à chaque instant on est en butte à de nouveaux enchantements, à des surprises nouvelles. On a besoin, pour bien connaître Constantine, d'un cicérone intelligent, qui vous en fasse les honneurs.

Je me hâte d'ajouter que la population européenne, tant civile que militaire, se met complaisamment à la disposition du touriste pour l'aider dans sa visite. La partie intéressante de Constantine, ce n'est pas la ville moderne, qui s'est greffée sur la vieille cité berbère; au surplus, la plupart des monuments sont arabes, et l'installation des services du gouvernement n'a que peu modifié leur physionomie : mais qu'il y a loin des maisons à l'européenne, avec leurs étages superposés, aux charmantes habitations mauresques, avec leur cour intérieure, leurs arcades et leurs balcons !

Les principales places de Constantine sont : la place de la Brèche; la place ou esplanade Valée, séparée de celle-ci par la porte, plantée d'un square, où s'élève la statue du maréchal Valée, non loin de l'endroit où fut dressée la batterie de brèche lors du second siège ; la place du Palais, la place Négrier, la place des Chameaux, la place de Sidi-Djelis, la place d'El-Kantara. La place du Palais, abritée sous des acacias, est au centre du quartier européen; le palais d'Ahmed-Bey la décore. Ce palais, qui est aujourd'hui l'hôtel du général commandant la province, n'a été achevé que peu d'années avant la chute de Constantine ; la façade en est peu imposante, l'entrée mesquine. Construit par le maçon El-Hadj-ed-Djabri, par le Kabyle El-Kettabi avec des matériaux venus en partie d'Italie et de Carthage, mais surtout extorqués aux riches propriétaires de la ville et des alentours, ce palais n'a rien de majestueux ni de remarquable ; son seul attrait consiste dans les trois jardins qu'il renferme, entourés de galeries à arcades mauresques, et qui entretiennent une délicieuse fraîcheur dans ses cours, au milieu des chaleurs de l'été. Les galeries sont décorées de fresques naïves, peintes sur les parois et représentant des vues de Stamboul, d'Iskanderia, et même un combat naval, où, suivant la loi musulmane, ne figure aucun personnage. C'est à peu près la seule curiosité du palais. Il faut mentionner, cependant, l'inscription suivante placée dans l'intérieur des appartements :

« Au nom du Dieu clément et miséricordieux !
« Pour le maître de ce palais, paix et félicité, une vie qui se prolonge tant que roucoulera la colombe, une gloire exempte de nuages, et des joies sans fin jusqu'au jour de la résurrection ! »

Quel triste retour El-Hadj-Ahmed dut faire sur sa destinée quand, ramené dans son palais en prisonnier, il relut la prédiction formulée en son honneur et que le Destin devait si vite rendre mensongère ! Mais Ahmed était un bon musulman, et il aura murmuré avec un soupir résigné : « C'était écrit ! »

A côté du palais s'élève la mosquée de Souk-er-Resel, affectée aujourd'hui au culte catholique, sous l'invocation de Notre-Dame-des-Sept-Douleurs. Bâtie en 1703, elle est un assez bel échantillon de l'architecture arabe ; les colonnes de granit, d'origine romaine, qui la divisent en trois travées ; la chaire, un chef-d'œuvre de marqueterie ; les arabesques finement fouillées qui recouvrent les murs, méritent d'être admirées : mais,

Constantine en 1840.

pour approprier le sanctuaire à sa nouvelle destination, on l'a agrandi et recouvert d'une coupole octogone d'un assez pauvre effet.

L'aspect de la principale mosquée, Djama el-Kebir, située sur la rue Nationale, a été modifié par le percement de cette rue ; il a fallu construire une façade et un minaret. Les Européens pénètrent assez facilement dans les mosquées, en Algérie, et l'intérieur de celle-ci est digne d'être visité ; non pas que l'on doive y rencontrer une merveille d'architecture, un amoncellement de richesses, mais on y verra un spécimen curieux de l'art avec lequel les Arabes ont su faire servir à leur usage des matériaux trouvés un peu partout. Le vaisseau, à peu près carré, est, en effet, divisé en cinq nefs par quarante-sept colonnes, presque toutes différentes de forme, de diamètre et de hauteur. On a racheté les différences de hauteur en ajoutant à celles qui étaient trop courtes des chapiteaux, des blocs carrés ou même informes ; on a enroulé des cordes en poil de chameau ou en chanvre autour des fûts trop grêles, afin d'obtenir un diamètre uniforme des colonnes. Le *minbar* ou chaire n'a rien d'extraordinaire.

La plus belle mosquée de la ville est, sans contredit, Djama Sidi-el-Kettani, construite en 1776 par Salah-Bey. On y pénètre par une grande porte cintrée qui s'ouvre sur un escalier en marbre aux marches mi-partie blanches et mi-partie noires : les marches noires sont réservées aux fidèles qui entrent à la mosquée ; cet escalier donne accès dans une cour pavée de marbre blanc, entourée d'arcades. Deux portes conduisent dans le sanctuaire, soutenu par des colonnes en marbre blanc, et recouvert d'un plafond de poutres peintes en vert et en rouge; deux coupoles sont ménagées dans le plafond, au-dessus et dans la direction du mihrab, niche où s'agenouille l'iman afin de regarder l'Orient. Les murs sont tapissés de faïences multicolores; de riches tapis garnissent les dalles; de grands lustres en cristal éclairent le vaste espace au milieu duquel la chaire, formée d'un assemblage de presque tous les marbres connus, étale la richesse de ses sculptures.

Un collège ou medersa est annexé à la mosquée de Salah-Bey; une vingtaine d'étudiants y sont entretenus aux frais de leurs tribus et y reçoivent une instruction strictement musulmane. Dans la cour de la medersa, on voit les tombeaux de Salah-Bey et de sa famille, entourés d'une balustrade en marbre blanc.

Nous pouvons citer encore Djama Sidi-el-Akhdar, bâtie sur des voûtes dont l'une enjambe une partie de la rue Combes et flanquée d'un minaret octogone, que termine un balcon recouvert d'un auvent. C'est du haut de ces balcons que les muezzins appellent les fidèles à la prière.

Avant la conquête, il y avait quatre-vingt-quinze mosquées à Constantine; il n'en reste plus qu'une vingtaine environ.

Le Musée est surtout riche en monuments épigraphiques, en morceaux d'architecture et de sculpture trouvés dans les ruines nombreuses et imposantes dont la province est couverte; inutile d'ajouter que presque tous ces monuments sont romains.

Le Lycée, dans les bâtiments duquel est installé le Collège franco-arabe, les écoles, le Palais de Justice n'ont rien de remarquable.

Pour arriver à ces divers édifices, il a fallu traverser

tour à tour les voies nouvellement créées et les ruelles étroites du quartier arabe ou du quartier juif; ce n'est pas là le moindre attrait de la promenade à travers la ville. Quel meilleur moyen, en effet, de se rendre compte de la vie, des mœurs d'un peuple, que de pénétrer dans les lieux qu'il habite et qu'il essaie de préserver avec un soin jaloux contre les empiètements d'une civilisation qui marche trop vite à son gré?

La rue de France sépare le quartier européen de la ville indigène; celle-ci est elle-même coupée en deux par la rue Nationale, qui de la place de la Brèche, à l'ouest, se dirige vers la place d'El-Kantara, à l'est. Ce qui en reste suffit pour donner une idée de ce qu'était Constantine avant 1837.

Qu'on se figure des ruelles étroites, raboteuses et mal pavées, sur lesquelles s'ouvrent à tout moment des impasses obscures, coupées de loin en loin par des carrefours élargis en places ; les murs des maisons sont nus, blanchis à la chaux, percés d'une porte unique en bois, garnie de clous à grosse tête et d'anneaux. Des arcades en pierre ou en brique décorent la partie supérieure ; des balcons, supportés par des porte-à-faux en poutrelles de cèdre, ou la saillie d'une alcôve rompent la monotonie de la façade. Quelquefois, la rue s'enfonce sous une voûte, arcade jetée d'une maison à l'autre, et supportant un nouvel édifice. Des versets du Koran sont souvent inscrits sur les murs extérieurs.

Ces maisons sont construites en pisé ou en briques crues; leurs assises sont souvent faites de pierres romaines, et elles sont recouvertes d'un toit en tuiles creuses, car l'inclémence du climat ne permet pas ici les toits en terrasse, comme à Alger et dans les villes du littoral.

Lorsqu'on a franchi la porte d'une de ces maisons, on se trouve dans une cour entourée de cloîtres aux arceaux en fer à cheval supportant un ou plusieurs étages ; la cour est quelquefois plantée et munie d'une citerne. Les chambres s'ouvrent sur le cloître, elles sont longues, étroites, avec des réduits faisant saillie sur la rue. Quelques rares ouvertures donnent accès sur le balcon. L'ameublement est simple ; les objets indispensables garnissent seuls les maisons des indigènes peu fortunés. Chez les riches, les tapis, les tentures, les meubles incrustés, les lanternes en cuivre ou en fer-blanc impriment un cachet charmant et même confortable à ces intérieurs.

Les rues étaient, pour la plupart, couvertes d'une espèce de toit, percé d'une ouverture de loin en loin, qui permettait aux rayons du soleil de pénétrer jusqu'à elles. Ces toits s'appuyaient sur le haut des maisons. Ils ont disparu aujourd'hui, mais comme, d'après le système de balcons et de porte-à-faux adopté pour leur construction, des étages se surplombant les uns les autres, les maisons, assez éloignées à leur pied, se rapprochent à leur faîte, la rue reste sombre et fraîche même en plein midi.

D'autres fois, au lieu de maisons, ce sont des boutiques qui bordent la ruelle, et quelles boutiques ! Un trou carré percé dans le mur laisse pénétrer le regard dans une pièce mystérieuse où l'œil a de la peine à distinguer le moindre objet. Un rayon de lumière filtrant à travers une fissure du toit, une crevasse de la paroi allume parfois les paillettes d'une étoffe, fait étinceler le cuivre d'une buire ou briller la pointe de quelque éperon.

Sur le rebord de ce trou noir, les marchands m'zabites ou juifs étalent les trésors de leur boutique. Tissus merveilleux lamés d'or et d'argent, selles et harnais brodés de paillettes, constellés de pierres précieuses, étriers et éperons dorés, burnous éclatants de blancheur, œufs d'autruche monstrueux, armes de luxe, colliers

Marchand juif à Constantine.

d'ambre, bijoux kabyles sont jetés pêle-mêle, attendant l'acheteur, et donnent l'éblouissement des trésors d'Ali-Baba.

A côté, les cordonniers indigènes, accroupis sur le bord de la fenêtre, confectionnent des babouches si jolies qu'on ne saurait croire qu'elles sortent de ces immondes réduits.

Les *Caouadgis* ou cafés alternent avec les échoppes des marchands et les boutiques des artisans. On y boit un café épais, sucré, à l'arome pénétrant, et qui vous est servi dans de petites tasses en porcelaine soutenues par un pied en filigrane.

Ces constructions n'ont, en général, qu'un rez-de-chaussée; le soir venu, la journée finie, marchandises et outils disparaissent, le propriétaire s'installe gravement sur le rebord de sa fenêtre, et, les jambes croisées, accroupi dans une délicieuse paresse, allume sa pipe et suit d'un œil rêveur les spirales bleuâtres qui s'échappent du fourneau.

La vie de l'Arabe citadin, du Maure, se passe ainsi dans un calme, dans un farniente parfaits. S'il est pauvre, il travaille juste assez pour satisfaire à ses besoins et à ceux de sa famille, et ces besoins sont modestes; s'il a de l'aisance, il vit retiré chez lui, dans sa maison bien close aux regards profanes, et partage sa journée entre sa femme, le café et le bain. Les Maures ont, presque tous, le caractère doux et indolent. Leur costume se compose d'une culotte fort large, d'une veste, de gilets brodés d'or ou de soie et d'une calotte ou *chachia* autour de laquelle une pièce de mousseline s'enroule en turban; ils ont les jambes nues, et leurs pieds sont chaussés de babouches.

La Mauresque est généralement jolie, mais ignorante et superstitieuse; souvent intelligente, elle est volontairement laissée dans l'abrutissement par ses parents ou par son mari; d'après la loi musulmane, en effet, la femme est une chose, un objet qu'on possède, un peu plus chère qu'un meuble, un peu moins qu'un cheval : elle ne doit avoir ni pensée, ni volonté.

Une mauresque en costume de ville.

Aussi les journées de la Mauresque se passent à s'attifer, à se parer avec une coquetterie raffinée; elle a, du reste, de fort jolis costumes, soit qu'elle porte simplement la chemise en gaze, le caleçon bouffant en indienne laissant la jambe nue, et les cheveux ramenés en arrière en une longue natte enrubanée, soit qu'elle s'affuble du *rlila* (redingote en étoffe de soie brodée) et du *fouta* (pièce de soie rayée), attaché autour des hanches, et tombant jusqu'à terre ; des diamants mal montés et plus mal taillés, des anneaux, des rangs de perles complètent ce costume, qui est charmant. Mariée, la Mauresque porte une coiffure en filigrane d'or ou d'argent qui reproduit fidèlement notre hennin du XVe siècle.

Quand elle sort, elle s'enveloppe de deux ou trois voiles épais, noue derrière sa tête un mouchoir qui lui couvre la figure, ne laissant voir que les yeux, et ressemble d'une façon frappante à un paquet de linge ambulant.

Dans le quartier arabe se trouvent les bains Maures et les cafés. Il ne faudrait pas s'imaginer que ceux-ci ressemblent en quoi que ce soit à ces cafés orientaux dont quelques villes françaises, Marseille surtout, ont le fastueux monopole. Ici pas de colonnades, pas d'arceaux fouillés d'arabesques, pas de divans moelleux ; une grande salle, garnie de bancs de bois, sans autre ornement que quelques versets du Koran tracés sur le mur ; une fontaine dans un coin, un fourneau dans un autre, voilà toute l'installation. Le café, préparé au fur et à mesure des besoins du consommateur, est servi dans de petites tasses par un jeune garçon, domestique du caouadgi. Au café est le plus souvent annexée une boutique de barbier, et les clients attendent leur tour de s'asseoir en humant leur moka.

Les bains sont plus luxueux, sans revêtir cependant la magnificence des anciens bains romains.

Celui que j'ai visité, et dont je vais faire la description, peut servir de type; certains détails peuvent changer, mais l'aspect général est le même.

Par un corridor assez étroit on arrive dans une cour de belles dimensions, entourée de cloîtres à arcades en fer à cheval, décorée d'une fontaine et recouverte d'un vélarium. Le long des murs et dans les galeries se dressent quelques lits de repos ; près de la porte d'entrée, une petite table qui sert de bureau et de caisse. On remet, en entrant, ses bijoux et son argent au surveillant, un vieillard généralement, qui vous rend un numéro en échange. Quand j'eus accompli cette formalité, un baigneur s'empara de moi, me déshabilla et me chaussa de pantoufles en bois, afin de préserver mes pieds de la chaleur brûlante du carreau ; me prenant par la main, il me fit alors passer successivement par une série de pièces de plus en plus chaudes et de plus en plus sombres ; dans chacune, je dus revêtir un burnous, pour hâter la transpiration. Après avoir séjourné quelques instants dans chacune de ces petites chambres, j'arrivai enfin dans l'étuve, immense pièce circulaire, chauffée à blanc par un foyer central ; j'y fus dépouillé de tous les vêtements qu'on avait peu à peu entassés sur mes épaules. Mon baigneur s'empara de moi et me dirigea vers un cabinet latéral où je m'étendis sur les dalles de marbre. La chaleur est suffocante, accablante. Cependant l'opération commence ; je suis inondé d'une eau brûlante, puis savonné, frotté avec une brosse en poils de chameau par mon masseur, qui accompagne son opération d'un chant traînant et endormant. La friction finie, l'eau des ablutions devient de plus en plus fraîche ; puis il faut revêtir un nouveau burnous, recommencer le passage à travers des chambres de plus en plus fraîches cette fois-ci, et toujours reprendre un nouveau burnous à chaque arrêt. Enfin j'arrive à la galerie de la cour, où je m'étends sur un lit de repos ; on m'enlève les burnous, on m'enveloppe dans des draps moelleux, et un nouveau baigneur vient me masser sous les couvertures. Je m'endormis pendant cette opération. A mon réveil, on m'apporta une tasse de thé ou de café, on m'offrit une pipe ; je me sentais plus léger ; une indéfinissable sensation de bien-être m'avait envahi, et, quand je sortis enfin, je comprenais très bien la passion qu'ont les Arabes et les populations méridionales en général pour les bains d'étuve. Malheureusement c'est une passion funeste, car autant le bain maure fait du bien quand on s'en sert discrètement, autant il affaiblit et débilite quand on en abuse.

En quittant les quartiers arabes, on peut monter à la Kasba, située, comme nous l'avons dit plus haut, au point le plus culminant de la ville. La Kasba est l'ancienne citadelle de Hadj-Ahmed et de ses prédécesseurs. Elle renferme aujourd'hui l'hôpital militaire, la manutention, des casernes. On y voit quelques ruines romaines, surtout des citernes creusées dans le roc et une colonne élevée en mémoire du général Perregaux.

Un autre monument funèbre est celui du général Damrémont : c'est une pyramide, placée à droite de la route de Sétif, en avant de la place Valée ; elle porte une inscription française, et une inscription arabe d'une haute fantaisie.

Il nous reste à parler d'un dernier monument, du pont d'El-Kantra qui relie la ville au plateau de Mansourah. Il est d'une hardiesse prodigieuse. Ce fut de tout temps, des sept ponts qui donnaient accès à la ville, le plus célèbre et le plus fréquenté ; reconstruit par Salah-Bey à la place de l'ancien pont à double rangée d'arcades décorées de sculptures et remontant aux Romains, il fut la cause de sa disgrâce. Salah, en effet, voulut installer des conduites d'eau dans l'intérieur de la maçonnerie et amener à Constantine les sources qui jaillissent sur le plateau de Mansourah. Le pacha d'Alger s'imagina qu'il voulait ainsi se rendre indépendant et permettre à sa capitale de soutenir un siège ; il destitua Salah et le fit mettre à mort. Le pont et la conduite d'eau furent néanmoins achevés par le successeur de Salah, Hussein-ben-Bou-Hanek.

El-Kantra fut le théâtre de l'assaut donné par les troupes françaises dans la nuit du 22 au 23 octobre 1836, assaut funeste et meurtrier, qui ne put réussir.

Le 18 mars 1857, le pont s'écroula en partie ; on démolit le reste à coups de canon, et aujourd'hui une seule arche en fer, d'une envergure hardie, relie la ville au plateau de Mansourah et à la gare du chemin de fer.

Le pont est un lieu de promenade pour les habitants ; on y jouit d'une vue splendide sur la vallée du Rummel. D'un côté, en effet, sur les rochers nus Constantine étale ses toits et ses minarets ; de l'autre côté, l'hôpital montre sa coupole brillante sur les hauteurs de Sidi-Meçid, au milieu d'une forêt de pins et de mélèzes ; entre les deux parois rocheuses, l'œil suit les méandres capricieux du fleuve, dont le ruban d'argent se perd à l'horizon. S'il regarde à ses pieds, le promeneur a peine à découvrir le fond de l'abîme ; il reste terrifié devant ce gouffre béant où mugit le Rummel, et qu'on ne saurait contempler sans frissonner d'horreur.

Mais il est temps de dire adieu à Constantine, où le touriste voudrait s'éterniser, tant elle est attachante et curieuse; chaque pied carré du sol, chaque pierre y évoque un souvenir, et il faudrait un volume pour ne décrire que les ruines romaines que l'on rencontre à chaque pas.

Prenons donc la route de Sétif, au sortir de la porte Valée.

Jetons un coup d'œil aux faubourgs Saint-Jean et Saint-Antoine, qui s'élèvent sur l'emplacement des anciens faubourgs romains, arabes et turcs, au pied du Koudiat-Ati. Ces deux quartiers suburbains, dotés d'une immense halle aux blés, situés à la jonction des routes de Philippeville et de Sétif, sont appelés à un grand avenir; ils occupent le seul emplacement sur lequel la ville puisse s'étendre lorsqu'elle sera à l'étroit sur la presqu'île rocheuse. Autrefois, la colline de Koudiat-Ati était une des promenades favorites des Arabes; le cimetière s'y trouvait, et l'on sait avec quel soin jaloux les Musulmans gardent leurs morts. Aujourd'hui, Koudiat-Ati est revenu à la vie; les faubourgs ruinés se sont relevés, et la foule y circule de nouveau; mais maintenant encore la destination d'une partie de la colline n'a pas changé, car ses flancs portent au sud-est les cimetières chrétien et arabe. C'est dans les entrailles du Koudiat-Ati, constate fort justement M. Cherbonneau, que l'on ramassera les ossements des générations qui ont habité successivement le rocher de Cirta.

De l'autre côté de la route, sur les bords du Rummel,

le Bardo, ancienne caserne de cavalerie, puis l'aqueduc romain attirent les regards. Il ne subsiste que cinq arcades de cet édifice, dont la construction remonte à Justinien; mais, quoique mutilés, ces restes sont les ruines les plus belles et les plus considérables que l'antiquité ait léguées à Constantine. L'arche la plus élevée a 20 mètres de hauteur environ. Cet aqueduc, enfoui dans la verdure, détachant vigoureusement sa silhouette rougeâtre contre la teinte grise des rochers qui l'entourent, forme un tableau charmant.

Le chemin passe au pied de la colline appelée le Camp des Oliviers; de là on jouit d'une vue admirable sur Constantine, qui, de la pointe de Sidi-Rached à la Kasba, se déroule devant le regard émerveillé; les Arabes, avec leur imagination fertile et naïve, l'ont comparée à un burnous gigantesque étendu sur le rocher et dont la Kasba serait le capuchon.

Il faut voir ce panorama le soir, quand le soleil couchant illumine de ses derniers feux les mille fenêtres de la ville, allume l'or de ses coupoles, fait scintiller les façades blanches de ses maisons comme les facettes d'un diamant. On dirait un écrin entr'ouvert, oublié par quelque princesse géante dans une fuite précipitée! Ajoutons à cela la magie des environs, Mansourah avec ses casernes, Sidi-Meçid avec la coupole de son hôpital et ses bains cachés dans une véritable forêt, et enfin, au premier plan, accrochées à toutes les saillies du rocher et se confondant avec lui, véritables nids d'aigles ou d'hirondelles suspendus sur l'abîme, les maisons arabes qui font de ce côté la ceinture de Constantine.

Jusqu'à Aïn-Smara, rien de remarquable. Près de ce

village on traverse la région du Chettâba, nue et désolée aujourd'hui, et couverte autrefois de bourgades florissantes où l'on adorait en grande pompe Mercure et Cérès; ce coin de terre devait être d'une salubrité extrême, car les inscriptions tumulaires recueillies par M. Cherbonneau nous apprennent que M. Julius Abæus a vécu 131 ans, que Julia Gaetula a vécu 125 ans, que Cassius Gracilis a atteint l'âge de 120 ans. Espérons que les Alsaciens-Lorrains habitant les nouveaux centres créés au nord et à l'ouest du Chettâba sauront rendre à ce sol béni sa fécondité primitive; en tout cas, le nom de ces villages, Rouffach, Belfort, Alkirk, Obernai, etc., rappellera aux émigrés la patrie qu'ils ont perdue et pourra, s'il est possible, adoucir pour eux le pain amer de l'exil.

Lorsque les troupes en marche vont de Constantine à Sétif, elles parcourent la distance de 126 kilomètres qui sépare les deux villes en cinq journées, faisant étape à Aïn-Smara, à l'oued Dekri, à Saint-Donat et à Saint-Arnaud. La diligence fait le même trajet en douze heures.

La route ne présente rien de pittoresque. De Constantine à l'oued Atmenia, elle longe les contreforts de montagnes élevées, dont quelques-unes ont de 1,100 à 1,300 mètres; de l'oued Atmenia à Sétif, il faut traverser la vaste plaine des Abd-en-Nour, autrefois déserte, maintenant couverte d'habitations, de gourbis, de plantations. De nomades qu'ils étaient, les Abd-en-Nour sont devenus sédentaires et cultivateurs. Imitant les colons, ils ont construit d'abord des abris précaires pour ceux d'entre eux qu'ils commettaient à la garde de leurs cultures; bientôt ces abris sont devenus de véritables chaumières, des maisons; les vieux puits romains ont été recherchés et nettoyés; de nouveaux puits ont été creusés; chaque ruisseau, chaque fontaine ont été utilisés, et, comme par enchantement, cette plaine féconde s'est couverte d'arbres et de plantations. En hiver comme en été, la route est animée; on y rencontre des colons, des *Mercantis*, surnom dédaigneux que les indigènes donnent aux habitants européens ou juifs, des Arabes. Ceux-ci cheminent à pied ou à cheval, le plus souvent portés par un mulet; gravement assis sur des *tellis*, sortes de bissacs faits avec de vieux tapis et contenant les provisions de route du maître et de la bête, la *matraque* (bâton noueux) à la main, les jambes nues et ballantes, ils fredonnent une chanson monotone ou marmottent quelque prière, qu'ils interrompent de temps en temps pour exciter leur monture d'un claquement de langue ou d'un coup de bâton.

Aux alentours d'un village, des nuées d'enfants, dont les formes rondelettes percent de toutes parts leurs burnous en guenilles, se précipitent autour du touriste pour lui demander des *sordis* (des sous), tandis que quelque pauvre matrone, deux bambins pendus à ses jupes, un troisième juché sur son dos dans une pièce d'étoffe nouée sur la poitrine, s'avance timidement pour prendre sa part de la récolte.

Entre l'oued Atmenia et l'oued Dekri est Hammam-Grous, source thermale alcaline à laquelle la légende attribue une origine miraculeuse. Sidi-Amarra aurait fait jaillir cette source chaude pour permettre à ses disciples de faire leurs ablutions en hiver. Malheureusement pour la légende, les vestiges d'un ancien établissement romain prouvent que les eaux de Hammam-Grous existaient déjà à une époque où nul ne songeait au Prophète.

Après l'Oued Dekri, on s'engage dans la gorge du Djebel-Grous, sauvage et aride, dont les rochers surplombent la route et semblent à tout moment devoir écraser les passants. Près de Saint Arnaud, au caravansérail des Eulma, il existe une fontaine romaine restaurée dans ces dernières années, et dont le débit est de 64,800 litres par jour; cette fontaine est située dans une véritable oasis d'une fraîcheur délicieuse et bien appréciée des voyageurs. Un peu plus loin, la vue s'étend à droite sur le Sidi-Brao, montagne en forme de pain de sucre, et à gauche sur le Djebel-Youssef, qui atteint 1 421 mètres.

On passe Aïn-Temouchent et on arrive à Sétif.

Les voyageurs qu'effraie la perspective d'un séjour de douze heures dans une diligence ou d'un voyage de deux jours à cheval peuvent fort bien prendre la voie ferrée, qui les mènera rapidement, par le Khroub et El-Guerra, de Constantine à Sétif. Sauf le passage du col du Djebel-Grous, la route de terre ne présente, en effet, pas grand intérêt.

Sétif est une jolie ville, de peu d'étendue, toute moderne, et comptant environ 10,000 habitants avec ses annexes immédiates; elle est bâtie à peu de distance du Bou-Sellam, au milieu de la plaine qu'il féconde de ses eaux. De tout temps, la Colonia Nerviana ou la Sitifis-Colonia des Romains, la Sétif des Arabes, fut une ville prospère; il fallut l'incurie des Turcs pour en amener la décadence, décadence dont heureusement il ne reste plus trace aujourd'hui. La prodigieuse fertilité du sol, l'emplacement bien choisi de la ville, le caractère pacifique, les habitudes agricoles des tribus voisines, tout contribua à relever de ses ruines cette charmante cité et à en faire une des plus importantes positions de la colonie.

Sétif n'a pas de monuments. On ne peut, en effet, décorer de ce nom, qui éveille un sentiment de grandeur, son église, sa mosquée, sa halle aux légumes; les bâtiments militaires, qui s'étendent au nord, mériteraient mieux ce titre. La ville proprement dite est entourée d'une chemise, ou rempart en pierres, percée de trois portes : d'Alger, de Constantine et de Biskra; la rue principale, entourée d'arcades, qui va de la porte d'Alger à celle de Constantine, est presque la seule de la ville. Elle est très animée et plantée d'arbres en pleine vigueur. Mais le coin le plus charmant est la place Barral, enfouie sous les arbres et décorée d'une fontaine.

Sétif est surtout une ville agricole ; cependant, il s'y tient tous les dimanches un marché où 10,000 Arabes viennent échanger leurs produits. Quoique petite, le mouvement incessant de la population, les allées et venues des officiers et des soldats, l'arrivée ou le départ des indigènes y entretiennent une animation extraordinaire qui donne l'illusion d'une grande ville.

Les environs de Sétif sont enchanteurs. Elle est entourée d'une ceinture de villages florissants situés au milieu d'une campagne riante. Et pourtant ces villages ont eu à souffrir durement de l'insurrection de 1871, qui grondait jusqu'aux portes de Sétif. Je me rappelle les avoir vus, au mois de mars de cette funeste année, ruinés, brûlés, saccagés avec cette science de destruction que les Arabes seuls possèdent, montrant leurs murs éventrés et leurs fenêtres béantes ; un silence de mort planait sur ces pauvres maisons que leurs propriétaires, revenus sous la protection de nos baïonnettes, contemplaient avec des larmes de rage en retrouvant leur foyer vide et leur travail perdu !

El-Ouricia, Mahouan, Bouïra, Messaoud, Aïn-Arnat, El-Hassi, Aïn-Trik, etc., tous ces villages ont été créés par la Compagnie génevoise, à laquelle un décret impérial du 26 avril 1853 concéda 20,000 hectares. Ils ont presque tous une école et une église ; quelques-uns, comme El-Ouricia et Bouïra, sont devenus des chefs-lieux de commune.

En sortant de Sétif par la porte d'Alger pour se rendre à ces villages, on passe par une belle avenue de mûriers, la promenade d'Orléans, qui est en même temps le musée de la ville. Une haute colonne surmontée du buste du duc d'Orléans s'y dresse, étendant son ombre sur les nombreux monuments épigraphiques qui forment le musée. Une grande pancarte attire ou attirait du moins les regards ; elle portait une inscription caractéristique : « *Défense d'étendre du linge*, » qui prouvait le peu de respect des habitants pour leurs richesses archéologiques.

La position de Sétif peut en faire un centre d'excursions à travers la province de Constantine. Des routes commodes et bien entretenues mènent à Bougie, à Djidjelli, à Mila, à Batna, à Bon-Sada. Enfin, elle est située sur le chemin d'Alger.

Mila est à 86 kilomètres nord-est de Sétif. La route passe par Djemila, qui montre au voyageur étonné ses ruines grandioses ; le morceau capital en est l'arc de triomphe élevé à Caracalla, à sa mère et à son père

Septime-Sévère ; c'est un monument presque intact, d'une architecture et d'un style parfaits, sur lequel les siècles ont passé sans rien lui enlever de sa beauté première ; un théâtre, un temple de la Victoire, un autre temple quadrilatère décoré de six colonnes, une basilique chrétienne, des inscriptions sans nombre témoignent de l'ancienne splendeur de Cuiculum. Cependant le pays est triste et froid, et l'on a renoncé à établir au milieu de ces ruines mélancoliques un nouveau centre qui leur rendrait un peu de vie.

Djemila évoque encore d'autres souvenirs. C'est là qu'en 1838, pendant toute une semaine, un bataillon eut à soutenir l'assaut furieux des Kabyles. Il ne se laissa pas entamer et força les assaillants à retourner dans leurs montagnes.

Bordj-Bou-Akkas fut pendant longtemps la résidence de Bou-Akkas-ben-Achour, Khralifa du Ferdjioua ; d'abord en lutte avec nous, il se soumit, en 1851, au général de Saint-Arnaud, et devint dès lors un de nos caïds les plus fidèles.

Il était impartial et juste, et sut donner en peu de temps au territoire de Ferdjioua une sécurité proverbiale.

Mila, à 484 mètres d'altitude, au nord du Lekhala (1 256 mètres), est une ville Kabyle, dont le monument le plus important est la mosquée de Sidi-Ali-ben-Iahïa, à l'élégant minaret carré ; une ville française s'élève à côté des vieux quartiers, dont les maisons sont presque toutes construites avec des pierres romaines.

Une touchante légende se rattache à Mila. En l'an 989 de notre ère, El-Mansour sortit de Khairouan et envahit le territoire des Ketama, auxquels appartenait Mila. Il s'approcha de la ville, fermement décidé à la livrer au pillage et à passer tous les habitants au fil de l'épée. Au moment où il ordonnait l'assaut, les portes s'ouvrirent et livrèrent passage à une longue file de femmes et d'enfants ; jeunes et vieilles, riches ou pauvres, ces malheureuses se précipitèrent aux pieds d'El-Mansour, lui présentant leurs enfants et le suppliant d'épargner Mila. Que se passa-t-il dans le cœur du farouche aventurier ? Il arrive un moment dans la vie où les êtres les plus barbares se sentent envahir par la pitié. El-Mansour fondit en larmes et ordonna que tous les habitants auraient la vie sauve ; mais sa clémence n'épargna pas la ville, qu'il réduisit en cendres.

De Mila on arrive à Constantine après une étape de 42 kilomètres, en passant par Aïn-el-Kerma et Salah-Bey, ancienne résidence de Salah, bâtie sur l'emplacement d'une villa romaine, au milieu d'une oasis riante qui est un but de promenade favorite des habitants de Constantine. La villa de Salah-bey a été saccagée par Ahmed-Bey qui en enleva les vasques, les colonnes de marbre, les faïences, les bois précieux pour en décorer son palais de Constantine.

Pour se rendre de Sétif à Bougie, deux routes également intéressantes s'offrent au voyageur : toutes deux traversent la Kabylie orientale, l'une par le Chabet-el-Akhra, l'autre par la route des Caravansérails ; elles ont à peu près la même longueur, 113 et 117 kilomètres.

La route des Caravansérails, ouverte en 1849 par le colonel de Lourmel, est presque abandonnée depuis que les travaux du Chabet-el-Akhra sont terminés ; elle passe par Fermatou, petit hameau sur le Bou-Sellam, d'une fertilité inouïe, où les plantations les plus diverses réussissent admirablement, puis elle laisse Mahouan à gauche et El-Ouricia à droite pour se diriger sur Aïn-Sefa, entre le Djebel Magris à l'est et le Djebel Anini à l'ouest. La route longe le flanc des montagnes nues et escarpées ; de l'autre côté une vallée verdoyante et fertile, traversée par des eaux courantes, repose les regards, qui distinguent à l'horizon les massifs du Guergour. Cependant elle monte de plus en plus à partir d'Aïn-Sefa ; elle contourne les montagnes, soit en les étreignant de ses spirales, soit en les coupant de ses lacets. L'aspect en est saisissant et d'une beauté sauvage ; les sites varient à l'infini. C'est tantôt le flanc desséché et rocailleux d'une montagne que coupe la chaussée à grands renforts de maçonneries et de remblais ; tantôt c'est un bois ombreux, au milieu duquel gazouille une source vive ; tantôt c'est un ravin profond, dans lequel se précipite une cascade, tombant du haut des rochers. Ces eaux sont en général glacées, et il faut se défier de leur usage ; elles emportent avec elles des miasmes telluriques qui engendrent les fièvres intermittentes et pernicieuses. Près du caravansérail d'Aïn-Roua, on passe sous une porte naturelle formée par des rochers adossés et qui semblent s'ouvrir sur le précipice. Le caravansérail, bâti au pied du Djebel-Anini (1546 mètres), fut en 1871 témoin d'une action courte, mais glorieuse, dans laquelle la colonne du général Saussier enleva un drapeau aux contingents insurgés.

Des oliviers, des figuiers, des peupliers et des saules

ombragent le caravansérail, et des prairies, des champs cultivés s'étendent sur deux de ses côtés ; un peu à l'ouest d'Aïn-Roua se trouvent le Guergour avec ses bains alcalins et chauds, aux eaux abondantes, et des ruines intéressantes, qui sont peut-être celles de Lesbi.

A partir d'Aïn-Roua le paysage prend un caractère plus sauvage ; les flancs des montagnes sont plus arides, la route monte et descend perpétuellement. Tantôt elle s'enfonce dans des gorges abruptes, tantôt elle serpente en courbes hardies sur le flanc des massifs. Le panorama change à chaque instant, soit qu'au détour de la route l'œil plonge dans une vallée fertile ou sur des coteaux verdoyants, soit que tout à coup, sortant d'un défilé triste et sombre, on traverse une forêt de chênes verts ou de caroubiers, dont l'ombre bienfaisante ranime les forces et invite au repos.

Rarement le voyageur voit se dérouler en si peu de temps des points de vue aussi variés. De petites maisons, enfouies sous des caroubiers ou des oliviers séculaires, respirant le calme et la tranquillité, se succèdent dans les vallées ou sur le flanc des collines : souvent elles forment de véritables bourgades, faisant briller au soleil leurs murs blancs et le toit de leur koubba. Des rochers énormes, affectant les formes les plus fantastiques, ressemblant de loin à ces châteaux légendaires dont l'imagination d'un Doré ou d'un Yan d'Argent a seule le secret, barrent la route qui les contourne avec une hardiesse vertigineuse ; ces rochers nus et sales, d'une teinte rouge, ont l'air tachés de sang lorsque le soleil les allume. A quelques kilomètres du caravansérail des Guifser on peut quitter la route, et, après avoir escaladé le flanc de la montagne, arriver à un petit plateau que surplombe un pic très pointu, qu'on découvre de loin ; à l'extrémité de ce plateau, où subsistent les ruines d'un poste romain, la vue plane sur le chaos montagneux qui sépare encore le voyageur de Bougie.

On dirait une mer en fureur, pétrifiée tout d'un coup par quelque volonté surhumaine ; derrière les derniers contreforts du massif, dont les teintes bleues s'estompent dans la brume, apparaît une ligne argentée, coupant l'horizon et détachant vivement le ciel, d'un bleu intense, de la chaîne plus sombre des montagnes, perdues dans un lointain vaporeux : c'est la mer.

Bientôt après, on atteint le caravansérail des Guifser.

Le chemin, toujours accroché sur le flanc des montagnes, longe l'abîme. On surplombe les villages, qui deviennent de plus en plus nombreux et dont quelques-uns paraissent très riches ; on est ici en pleine Kabylie orientale, pays industrieux, dont les habitants savent profiter des exemples que leur donne la civilisation européenne. C'est un spectacle grandiose que celui de cette sauvage nature d'un côté de la route, et de ce calme, de ce repos de l'autre. Le silence de la route ajoute à l'émotion, car la route des Caravansérails est presque déserte aujourd'hui. Le caravansérail des Guifser, situé sur les flancs du Dra-el-Arbâ, n'a rien de remarquable que sa position.

Au delà du Dra-el-Arbâ est la petite ville de Milaka, des Oulad-Berbecha. Milaka est située au bout d'une gorge sombre et stérile qui succède brusquement à des jardins riants et fleuris. On y arrive par un sentier vertigineux qui descend rapidement, presque à pic ; les parois rocheuses, à chaque pas, se dressent plus hautes et plus menaçantes au-dessus de la tête du voyageur ; à chaque pas il s'enfonce davantage et voit peu à peu se rétrécir le ciel ; le froid le saisit. Pas un oiseau ne chante dans ses gorges ; pas un arbre, pas un buisson n'y trouve assez de sol pour y cramponner ses racines, assez de soleil pour y verdir. Mais enfin la gorge s'élargit, les rochers se séparent, et l'on arrive au fond de l'abîme sur le bord du torrent : Milaka apparaît, dorée aux rayons du soleil, et le chemin monte en pente douce vers la ville, à travers les jardins et les vergers, que séparent de petits murs en pierres. Les maisons, isolées d'abord, se rapprochent, et l'on entre dans le village.

Les maisons kabyles sont construites en pierres et en pisé, recouvertes d'un toit de tuiles et blanchies à la chaux. Elles ne sont percées que de rares fenêtres au dehors ; les chambres s'éclairent sur la cour intérieure ; le jardin qui entoure l'habitation est clos d'une haie de figuiers de Barbarie (*cactus*) dont les mille piquants rendent l'escalade impossible. Ces cactus donnent un fruit savoureux, d'une belle couleur jaune. Les jardins sont bien cultivés. Le Kabyle, en effet, est industrieux ; il descend de ses montagnes et va se louer comme manœuvre aux colons. Il apprend leurs procédés, et, quand il a bien compris nos moulins, nos charrues, nos machines agricoles, quand il a étudié le mécanisme de tout l'appareil qu'il a vu déployer et donner ses fruits, quand il a économisé quelque argent sur son maigre salaire, il retourne chez lui et met à profit ce qu'il a appris ; avec son esprit inventif, son industrie, il fera des machines plus grossières, plus simples, mais peut-être plus efficaces que les nôtres ; avec sa parcimonie, son génie de rapine, il fera vivre sa famille et pourra arriver à l'aisance. Mais le Kabyle n'est pas seulement un cultivateur, il est aussi un artisan ; on travaille en Kabylie le fer et l'argent ; on y fabrique la toile et les tissus de laine, les armes à feu, les armes blanches, surtout ces terribles *flissa*, espèces de yatar'an, qui abattent une tête d'un seul coup ; on y fait enfin de la fausse monnaie. Peu instruit et superstitieux, le Kabyle a, néanmoins, les idées de la famille développées à un haut degré ; il n'a généralement qu'une femme, qu'il aime et qu'il respecte. La femme kabyle travaille avec son mari, l'excite au combat, et, quand il est tué, s'empare de son fusil pour le venger ; elle occupe donc un rang bien supérieur à celui qui est dévolu à la Mauresque ou à la femme arabe.

Les Kabyles aiment leur patrie par-dessus tout ; ils la veulent voir libre et maîtresse d'elle-même. C'est ce qui explique pourquoi ils se sont unis à Abd-el-Kader d'abord, et, dans ces derniers temps, à Mokhrani et à Bou-Mezrag, son frère, lors de leur révolte contre nous. Mais ce n'était pas pour assurer la domination de ces chefs d'aventures, c'était pour s'affranchir à leur tour et rendre à leurs montagnes l'indépendance qu'elles ont perdue.

De taille moyenne et bien prise, le Kabyle est presque toujours robuste et fort ; il a une tête un peu forte, un nez et des lèvres épaisses, les cheveux généralement rouges, les yeux bleus, le teint blanc. Il porte une chemise de laine, une chachia rouge sur la tête, des espèces de bas de laine sans pieds ; quand il travaille, il met un tablier de cuir, quand il s'éloigne un peu de chez lui, il jette sur ses épaules un burnous et se coiffe d'un haïk.

Kabyle se rendant au travail.

L'organisation des communes kabyles est intéressante à étudier. Chaque village a son conseil municipal ou *djemâa*, présidé par un *amin*; les adjoints, ou *dahmans*, assistent l'amin, ainsi que le trésorier (*oukil*). Les conseillers, ou *euquals*, sont fort considérés, et on prend leur avis sur toutes les questions; les djemâas rendent la justice.

Nous avons conservé cette organisation, lors de la conquête de la Kabylie. C'était là une excellente mesure politique, car elle nous a concilié les sympathies de la population.

Près de Milaka se trouvent des eaux salines, qui sont exploitées sur une grande échelle ; les sources tombent de cascade en cascade dans des bassins circulaires, où elles se refroidissent et s'évaporent. Le sel efflorescent, recueilli dans des paniers et dans des sacs, est une cause de richesse pour la ville et les environs.

Mais revenons au caravansérail des Guifser, qui n'est plus qu'à 56 kilomètres de Bougie. La route, toujours aussi accidentée, toujours aussi pittoresque, descend rapidement le long des derniers contreforts du massif tellien jusqu'au caravansérail de l'Oued-Amizour, au pied duquel a été créé le village de Colmar. A partir de ce point, on côtoie la rive droite de l'oued Sahel, qu'on traverse près des ruines de Tubusuctus. L'oued Sahel est encore appelé oued Hammam et oued El-Kebir ; il ne faut pas le confondre avec le Rummel qui, lui aussi, porte le nom d'oued El-Kebir, le « grand fleuve ». Bougie est bâtie en amphithéâtre sur le bord de la mer, aux flancs du Gouraïa, que domine le phare.

C'était autrefois une ville d'une certaine splendeur, la capitale d'un royaume et un marché important. Ses maisons coquettes, ses jardins de grenadiers et d'orangers, les minarets et les coupoles de ses mosquées en faisaient, au temps des Beni-Hammad, une cité charmante. Prise en 1838 sur les Mzaïa, Kabyles du littoral auxquels les Turcs l'avaient livrée, Bedjaïa fut souvent attaquée, mais jamais reprise par les indigènes. Elle forme aujourd'hui, avec ses annexes, un centre de 12,000 habitants environ ; sa garnison est de 1,500 hommes. Pour en avoir une idée exacte, il faut consulter les travaux de M. Féraud, notre consul actuel à Tripoli ; nous allons, cependant, donner un aperçu rapide de sa physionomie.

Le port romain a disparu ; les Turcs laissèrent le port arabe dans un état déplorable, et il a fallu des travaux d'art considérables pour permettre à Bougie de devenir un port de commerce. Ces travaux sont encore inachevés.

L'enceinte est continue, mais bien plus petite que l'enceinte sarrasine, dont les ruines subsistent encore et dont une porte en ogive reste debout près du port de débarquement.

Cinq portes donnent accès dans la ville, défendue par de nombreux forts ; le plus important est la Kasba, dont l'origine remonte à Pierre de Navarre ; on y lit deux inscriptions en l'honneur de Ferdinand V d'Espagne et de Charles-Quint, l'Africain. Enfin, au sommet du Gouraïa, un fortin protège les approches du port.

Quelques-unes des rues sont encore à escalier ; toutes suivent le flanc de la montagne, mais elles sont praticables aux voitures. Les jardins qui émaillaient les vieux quartiers, les arbres qui ombrageaient les maisons et qui faisaient de Bougie une ville à peu près unique disparaissent de plus en plus devant l'esprit de spéculation moderne. De grandes et laides maisons, casernes uniformes et régulières, remplacent les fraîches tonnelles d'autrefois, et la ville aura bientôt perdu son cachet unique d'originalité.

L'église date de 1858 ; elle est bâtie à la place d'une

ancienne mosquée et repose sur les assises d'un temple romain ; les fonts baptismaux sont placés sur une mosaïque qui a appartenu au temple païen. La coupole se voit de très loin, et l'on peut juger de son effet quand on arrive par mer.

Les mosquées étaient nombreuses avant l'occupation ; beaucoup ont disparu depuis, beaucoup ont été désaffectées. Celles qui restent n'ont rien de remarquable ; il en est de même de la sous-préfecture, du tribunal et des autres bâtiments civils.

La civilisation romaine a laissé à Bougie de nombreux vestiges : des citernes, des fontaines, des colonnes, et surtout l'amphithéâtre, attestent encore l'importance de l'antique Saldæ.

Le marché arabe se tient le jeudi, en dehors de la ville ; les Kabyles et les colons y font d'importantes affaires. L'emplacement de ce marché, situé à l'ouest de la ville, est destiné à devenir un faubourg important.

On traverse ce marché quand, pour venir de Sétif, on a pris la route qui passe par le Chabet-el-Akhra. Les gorges du Chabet méritent qu'on les visite ; elles surpassent en grandeur effrayante les gorges de la Grande-Chartreuse, et laissent même loin derrière elles celles de la Chiffa, qu'on a tant vantées.

Pour les visiter, il est plus commode de partir de Sétif que de Bougie. Après avoir passé Fermatou, El-Ouricia et traversé le col d'Aïn-Gouaoua, au pied du Magris, on arrive en vue de Takilount ; c'est un petit fort, un bordj commandant quelques maisons, de la terrasse duquel on jouit d'une vue splendide : le Djebel Mintanou, le Dra-Kalaoui, en forme de pain de sucre, le grand Babor, le Talifessert, le Chabet déroulent aux regards leur panorama de ravins, de vallées, de contre forts, de pics, d'une majesté sereine.

Fort de Takilount.

A une demi-heure du village, à Aïn-el-Hamza jaillit une eau gazeuse, que ses principes minéraux rapprochent de l'eau de Vichy. Elle est agréable à boire et on en expédie dans toute la province. Après Takilount, on traverse des forêts de chênes verts de toute beauté, dont la verdure et les troncs vigoureux contrastent agréablement avec les arbustes rabougris que l'on a rencontrés jusqu'ici. Bientôt, la route longe l'oued Agrioum, dont les rives sont bordés de lauriers-roses. Ces lauriers sont d'un effet charmant dans le paysage, mais leur ombrage est funeste. Malheur au voyageur

Route des Caravansérails de Sétif à Bougie.

imprudent qui voudrait délasser ses membres fatigués, rafraîchir son corps brûlant dans les flots de ces rivières d'Algérie ; il emporterait presque inévitablement de son bain le germe d'une fièvre intermittente, d'une fièvre pernicieuse ou d'une dyssenterie.

Enfin l'on arrive à Kerrata, nouveau village qui commande l'entrée des gorges du Chabet-el-Akhra : ces gorges ne sont qu'une fente étroite, une fissure entre deux parois rocheuses qui ont de 1850 à 1750 mètres de hauteur ; les parois sont presque partout à pic, d'une nudité effrayante, et par endroits surplombent l'abîme au point d'intercepter la vue du ciel. Le soleil n'éclaire le défilé qu'à midi et ne parvient pas à le réchauffer. Au fond, l'oued Agrioum, si riant tout à l'heure, roule ses flots mugissants. Là, plus de vertes prairies, plus de lauriers-roses, rien que la nudité sévère des rochers et les cascades incessantes du torrent dont l'écho répercute, en l'augmentant encore, le grondement perpétuel. C'est un spectacle à la fois sublime et terrible. Il fallait une persévérance inouïe pour faire passer une route dans ce défilé, et l'on ne sait aujourd'hui ce que l'on doit le plus admirer, ou la sauvage beauté de la nature ; ou la hardiesse étonnante du génie humain. La route, en effet, sur une étendue de 10 kilomètres, tantôt est taillée sur la paroi verticale des rochers, tantôt est soutenue par des arcades dont le torrent baigne les soubassements ; souvent elle est suspendue à plus de 100 mètres au-dessus de l'oued Agrioum, et toujours elle est surplombée, écrasée par ces murailles gigantesques qui y répandent une ombre éternelle. Un pont, jeté d'un côté de l'abîme à l'autre, réunit les deux parois rocheuses vers le milieu environ du défilé ; à quelques kilomètres au delà, on passe à côté d'une cascade magnifique qui, s'échappant d'un trou du rocher, vient mêler ses eaux à celles du torrent.

A l'entrée des gorges, du côté de Sétif, une plaque commémorative porte l'inscription suivante :

« *Les premiers soldats qui passèrent sur ces rives furent des tirailleurs, commandés par le commandant Desmaisons. — 7 avril 1864.* »

A la sortie du côté de Bougie, le rocher porte une autre inscription : elle mentionne la date des travaux. C'est à M. de Lannoy que revient l'honneur de les avoir dirigés.

Malgré leur aspect effrayant, les gorges sont habitées. Des singes y élisent domicile, et, à l'heure de midi, on peut souvent les voir prendre leurs ébats aux rares endroits que réchauffe le soleil. Des nuées de pigeons habitent également les anfractuosités et les trous des rochers. Ce sont là les seuls êtres animés qui vivent dans le Chabet.

A la sortie des gorges, on visite volontiers une auberge hospitalière, près du bordj du kaïd Hassen ; la vue des hommes fait plaisir au sortir de cet épouvantable Enfer, et c'est avec un soupir de satisfaction qu'on dit adieu au Chabet, qu'on n'a pu admirer sans une secrète angoisse. On arrive au cap Aokas, en longeant la mer ; en montant sur la falaise, on découvre Bougie, le golfe et sa ceinture de montagnes déchiquetées, découpées en formes originales, le Gouraïa, le pic de Toudja et la croupe du Babor avec ses forêts de cèdres et de pins, et l'arête plus aiguë du Tababor.

Du cap Aokas, vingt kilomètres séparent encore le voyageur de Bougie.

Djidjelli est située à 105 kilomètres est de Bougie et lui fait face de l'autre côté du golfe; elle est bâtie sur une presqu'île de rochers que relie à la terre ferme un isthme assez bas. Son port est sûr dans la belle saison, défendu par une ligne de rochers, jetée naturelle sur l'extrémité de laquelle s'élève le phare. Presque complètement détruite en 1856 par un tremblement de terre, la ville a, depuis, un cachet moderne qui lui a enlevé son aspect primitif. Ses édifices sont insignifiants et sans caractère; la seule chose qu'il faille admirer, ce sont les splendides platanes qui bordent les rues, larges et bien percées, sillonnant la ville française. Le quartier arabe, entouré de parapets et de remparts, est devenu le quartier militaire, et la ville elle-même est protégée par une muraille en pierres. La population est de 4,000 habitants, dont 576 Français. Djidjelli est dominé par des crêtes montagneuses que couronnent des fortins.

Après la dernière insurrection, en 1871, les tribus révoltées des environs de Djidjelli furent dirigées sur le Ferdjioua et l'oued Zenati; sur les terrains qu'elles durent abandonner, fertiles et bien situés, l'administration fit construire des villages européens : Duquesne, Strasbourg, Cheddia et Chefka.

La route de Bougie à Djidjelli longe le littoral; elle est carrossable jusqu'à El-Ouasta, à 61 kilomètres de Djidjelli. La route de Sétif est muletière et passe par le col de Teksenna et le Tamesguida, qui a 1,633 mètres d'altitude.

De Djidjelli à Collo, la route, pittoresque et montagneuse, traverse de nombreuses forêts de chênes verts, d'oliviers, de tamarins, de mélèzes, de chênes-lièges, etc.

Complètement muletière, elle suit souvent le lit des ruisseaux, véritables torrents quand vient l'hiver, et d'autrefois les enjambe sur de mauvais ponts, quand il ne faut pas les passer à gué; elle suit la mer dans une grande partie de son parcours, mais l'abandonne à Khrouba, pour se diriger vers le sud-est et remonter ensuite au nord-est. De nombreux villages kabyles sont suspendus aux flancs des montagnes, étageant leurs maisons blanches dominées par la coupole de quelque koubba ou l'élégante silhouette d'un minaret.

Collo est à 110 kilomètres de Djidjelli, à 130 kilomètres de Constantine. La route de Constantine, qui passe à travers la Petite-Kabylie, est des plus intéressantes; elle pénètre, en effet, des massifs de forêts d'une belle venue, surtout autour de El-Milia, bordj fièrement campé au haut d'une crête escarpée et rocailleuse, construit en 1858, et dont la création a puissamment contribué à assurer la sécurité de la région. Un service régulier de diligences maintient les communications entre Constantine et Milia; de Milia, une route muletière conduit à Collo,

Le bourg de Collo est situé au bord de la mer, à peu de distance de l'embouchure de l'oued Guebli, sur le flanc oriental du Djebel-Goufi; la rade, bonne, mais petite, condamne forcément Collo à ne jamais devenir un port de commerce important. La population est de 1,300 habitants, dont 216 Français. Le monument à peu près unique est la mosquée, qui s'élève près de la plage et dont la construction remonte à 1751; elle a un minaret carré, qui n'offre rien de remarquable du reste. Deux pavillons servant à l'administration militaire, une église, des maisons blanches, recouvertes de tuiles, des jardins plantés d'oliviers, entourés de cactus, constituent toute la ville. Et pourtant, au XIIe et au XVIIe siècle, Collo était une place de commerce qui entretenait des relations avec Pise, avec Gênes et avec le littoral provençal. Pisans, Génois et Marseillais venaient s'y approvisionner de cuirs, de cire et de céréales. La conquête française lui eût peut-être rendu quelque éclat si Philippeville n'avait été fondée un peu plus loin et n'était devenue le véritable port de Constantine et des produits du Sud.

Les environs sont gais et luxuriants ; la plaine est fertile, assez étendue, et dominée par une montagne boisée, en forme de cône, la Roumadia, qui la limite au sud. Une bonne route mène de Collo à Philippeville, en traversant l'oued Guebli ; elle s'enfonce vers le sud, le long des crêtes des montagnes des Beni-Mehenna, jusqu'à la source de l'oued Zeramna, dont elle suit ensuite la belle vallée. Ce sont toujours les mêmes aspects, qu'on ne se lasse pas d'admirer : gorges abruptes, forêts séculaires, terrains cultivés, disputés pied à pied au flanc rocailleux des montagnes, ruisseaux tombant en cascades du haut des rochers, ou courant gaiement dans quelque vallée riante entre deux haies fleuries de lauriers-roses ; de loin en loin, un village montre ses toits rougeâtres au-dessus d'un bouquet de verdure, ou quelque koubba mélancolique détache sa coupole blanche sur le fond grisâtre de la montagne. A Saint-Antoine, sur l'oued Zeramna, on rejoint la grande route de Constantine à Philippeville ; la vallée s'élargit, la route contourne les derniers contreforts montagneux, et déjà les jardins, les cultures maraîchères, des maisons isolées d'abord, puis plus rapprochées, annoncent Philippeville.

Créée pour servir de port à Constantine, trop éloignée de Bône et de Bougie, Philippeville est un centre tout moderne. Elle s'étend au fond de la baie de Stora, sur l'emplacement de l'ancienne Rusicade, dont on a découvert de nombreuses ruines quand on jeta les fondations de la nouvelle cité. Quoique de construction récente, elle tire une originalité particulière de la configuration du sol sur lequel on l'a bâtie; elle s'étage en effet sur deux collines, l'Addouna à l'est et le Bou-Iala à l'ouest, séparées par un étroit ravin qui monte lentement en s'élargissant peu à peu. Ce ravin est devenu la rue Nationale, la principale artère de la ville, qui va de la porte de Constantine jusqu'à la place de la Marine, c'est-à-dire jusqu'au port. Les autres rues, dont quelques-unes assez larges, la coupent à angle droit; comme elles montent sur les hauteurs, beaucoup sont garnies d'escaliers. La rue Nationale est bordée de belles maisons, presque toutes à arcades, qui lui donnent un peu l'air insipide et froid de la rue de Rivoli. Les places sont nombreuses; la plus belle, celle de la Marine, s'ouvre en éventail sur la mer et est la promenade favorite des habitants; bordée d'hôtels et de cafés, le mouvement du port, le va-et-vient des voyageurs arrivant par le chemin de fer lui donnent une animation et une gaîté extraordinaires. Mais elle a un autre attrait; on y jouit d'une vue splendide à l'ouest: les montagnes, boisées jusqu'au faîte, baignant leurs forêts de chênes-lièges dans les flots; la petite ville de Stora, découpant sur ce fond d'un vert sombre l'élégante silhouette de ses maisons et son église bizarre qui semble éclose du cerveau d'un fou ; l'île Srigina avec son phare, et, à l'horizon, la mer Méditerranée, la *grande bleue*, comme l'appelle George Sand, dont les flots scintillent au soleil.

L'église n'a aucun caractère monumental ; la mosquée, au contraire, bâtie sur le versant sud-est du Bou-Iala, précédée d'un escalier monumental, produit un effet assez majestueux. Elle est flanquée d'un minaret octogone et surmontée d'une coupole. L'hôpital militaire, construit, ainsi que les casernes et les bâtiments d'administration militaire, sur l'Addouna, domine la mer et jouit d'une excellente exposition. La vue, depuis ses terrasses, est admirable ; elle est plus étendue que celle que l'on a depuis la place de la Marine, car rien ne masque l'horizon.

Le Musée a été installé dans l'ancien théâtre romain, qui en forme lui-même le plus beau joyau. Cependant, on y admire un cadran solaire en marbre, auquel il ne manque que le style, et qui est, avec celui de Lambèse, le seul que l'on connaisse en Algérie ; des statues, des bustes, des fûts de colonne, des tombeaux constituent le fonds de ce Musée ; mais dans bien des maisons particulières on conserve des restes de l'ancienne Rusicade, et qui pourrait dire combien de richesses ont été enfouies dans les fondations de la ville nouvelle ? car, jusqu'en 1846, les ruines furent exploitées comme une carrière.

Philippeville a, aujourd'hui, un port digne de ce nom et digne d'elle. Autrefois, les grands navires ne pouvaient aborder au quai, et, en 1871 encore, les voyageurs, pour s'embarquer, devaient se confier à quelque batelier qui les transportait jusqu'au paquebot, sur une mer souvent houleuse et faisant cruellement sentir aux passagers qu'ils n'avaient pas le pied marin.

A l'heure qu'il est, trois jetées ont permis de créer un avant-port de 28 hectares et une darse de 19 hectares, bien abritée et bordée de quais en maçonnerie.

La gare du chemin de fer de Constantine s'élève à côté de ce port intérieur.

La ville est entourée d'un rempart percé de trois portes, et qui suit toutes les courbes du terrain, grimpant d'un côté au haut des collines pour redescendre de l'autre.

Sous-préfecture et siège d'un tribunal, Philippeville a une population de près de 14,000 habitants, dont 5,000 Français et 6,000 étrangers environ.

Entrepôt du commerce du Sud, placée à la rencontre des fertiles vallées du Saf-Saf et du Zeramna, elle est appelée à un grand avenir, et tous les jours elle voit se développer ses échanges et sa prospérité.

Stora, à 5 kilomètres de la ville, est une charmante bourgade, à laquelle on arrive après avoir traversé le ravin des Beni-Melek, par une route qui surplombe la mer et qui est taillée dans les flancs boisés de la montagne. Les chênes-lièges qui croissent sur ces pentes et qui en font une véritable forêt sont d'une belle venue, quelques-uns atteignent des proportions énormes; ils forment un cadre parfait à Stora, dont les maisons reflètent dans la mer leurs façades blanches, et qui emprunte une originalité singulière à son église dont, tout à l'heure déjà, j'ai relevé la bizarrerie. La façade de ce monument, percée d'une rosace et d'une porte cintrée, présente la forme d'une pyramide dont les arêtes, brusquement interrompues, se relèvent verticalement pour former le clocher. De près, c'est insensé ; de loin, vu de la mer, estampé par les vapeurs du soir tombant, ce petit chef-d'œuvre de mauvais goût archéologique, qui domine la ville, produit un effet charmant.

Mais on ne va pas à Stora pour admirer son église ; on y va pour jouir de la beauté de la route, et surtout pour visiter les belles citernes romaines, situées à mi-côte et alimentées par l'oued Cheddi ; les eaux du ruisseau y sont amenées au moyen d'un tunnel qui contourne la montagne. Les siècles ont passé sur ce souterrain sans l'entamer ; quand on le restaura, on n'eut presque rien à faire.

Un autre vestige de la domination romaine, c'est la belle et grande voûte dont les arceaux abritent une fontaine jaillissante. Elle aussi a résisté aux outrages du temps et des hommes.

Philippeville est entourée de montagnes boisées ; ses belles forêts de chênes-lièges, de chênes verts, de chênes zéen, d'eucalyptus, de thuyas, d'oliviers ont nécessité la création d'un poste d'inspecteur des forêts pour son territoire.

La voie ferrée qui, par Damrémont, Filfila, Saint-Charles, mène à Constantine, traverse plusieurs de ces forêts que coupent des plaines fertiles et des vallées d'une luxuriante végétation.

J'ai dit plus haut que Sétif pouvait servir de centre de rayonnement au touriste, pour ses diverses excursions à travers la partie orientale de l'Algérie ; nous venons de parcourir la région qui s'étend au nord de la ville jusqu'à la mer, à travers les massifs de la Petite-Kabylie. Il nous faut maintenant revenir à notre centre et nous diriger vers le sud, à travers des pays d'un aspect plus morne et plus désolé, où les habitations isolées sont rares, où les villes et les bourgades s'éloignent de plus en plus, mais où nous trouverons cependant des sites d'une incontestable beauté et les vestiges les plus imposants d'une civilisation disparue.

Batna, petite ville de 4,000 habitants, est à 133 kilomètres de Sétif. La route la plus courte est celle de Bir-Haddada; celle de Zana a 158 kilomètres. Ces deux routes sont muletières et, par conséquent, fatigantes; mais, en Algérie, il ne faut pas s'arrêter à cette considération; on est amplement récompensé de ses peines par la beauté du chemin et la contemplation des admirables ruines romaines qu'on rencontre à chaque pas.

Le cercle de Sétif est, en effet, l'un des plus riches sous ce rapport; des villes immenses, des camps retranchés, des châteaux couvrent le sol de leurs débris. On a voulu reconstituer le nom et l'histoire de ces ruines; mais il faut se défier un peu de ces recherches archéologiques, dont l'ingéniosité a souvent tenu trop peu de compte de la vraie critique historique et géographique.

En sortant de Sétif par la porte de Biskra, et après avoir passé le village du Mesloug, on arrive au lac d'Aïn-Melloul, situé au pied du Djebel-Yussef, montagne élevée et nue, qui se dresse au milieu de la plaine, au sud de Sétif; à ce niveau, la route se bifurque et se dirige d'un côté sur les montagnes du Bou-Taleb, qui sépare de ce côté le Tell de l'Hôdna. Le Bou-Taleb présente encore tous les caractères du massif tellien; il a de belles forêts de cèdres, de chênes-liège, de chênes verts et de pins, et est le centre d'une exploitation forestière importante.

Bir-Haddada, dans la vallée qui sépare le Djebel-Yussef et le Djebel-Skrin, présente d'importants vestiges d'un mur d'enceinte romain ; il en est de même d'Aïn-el-Hamiet, près du lac de ce nom, au pied du Djebel-Skrin ; ceux-ci sont les ruines de l'antique Perdices, tandis que l'on cherche encore le nom romain de Bir-Haddada.

A Ras-el-Aïoun (77 kilom.), il faut quitter la route pour se diriger vers le sud et visiter N'gaous, ville originale, bâtie sur les bords de l'oued Barika ; des arbres magnifiques, des fontaines, des eaux courantes en font un véritable jardin. Malheureusement, les rues étroites et raboteuses sont d'infects cloaques, où les immondices, les détritus de toute nature affectent horriblement la vue et l'odorat. N'gaous possède deux mosquées, dont la plus importante, celle des Sept-Dormants (Djama-Sebâ-er-Rekoud), renferme les cendres de Sidi-Kassem, son fondateur. La légende nous apprend que sept jeunes gens de la ville avaient disparu subitement ; on ne put jamais savoir ce qu'ils étaient devenus. Quelques années plus tard, Sidi-Kassem, homme pieux et savant, passant à N'gaous, amena devant un monticule de décombres les principaux personnages de la ville en leur reprochant d'accumuler les immondices en cet endroit ; il fit fouiller le tertre, et on retrouva, étendus sur le dos et semblant dormir, les sept jeunes hommes dont la disparition avait donné lieu à de si longues recherches. Pour perpétuer le souvenir du miracle, on construisit une mosquée sur l'emplacement même où il avait eu lieu ; on y montre encore les cercueils des sept Dormants et le plat dans lequel Sidi-Kassem offrait le kouskous aux Tolba qui suivaient ses leçons. C'est une cuve en calcaire, d'origine évidemment romaine.

Sauf la maison du caïd, bâtie en pierres et élevée sur des voûtes romaines, presque toutes les maisons de N'gaous sont construites en *toub* ou briques cuites au soleil. Souvent ces maisons s'écroulent, parcequ'elles manquent de solidité ou parce que les pluies ont ramolli les matériaux au point de les désagréger. Les habitants de N'gaous ne s'incommodent pas de si peu; ils reconstruisent une nouvelle maison à côté ou à la place de l'ancienne. Mais les décombres restent sur le sol et finissent par former de véritables collines.

De Ras-el-Aïoun à Batna, la route n'offre d'intéressant que l'Enchir-Merouana, à l'entrée d'un beau défilé, entouré de forêts superbes, et le ksar Belezma, fort ruiné, datant de l'époque byzantine, citadelle de l'ancienne ville de Belezma, dont tout vestige a disparu.

Merouana est bâtie sur l'oued de ce nom, au milieu des ruines de Lamasba.

La route de Sétif à Batna par Zana présente en plus grand nombre encore des ruines attestant la prodigieuse activité, l'expansion formidable des Romains.

En effet, à Bir-el-Fraïm, entre les lacs Hasbin et Hamiet, ruines de Gemella, avec les restes de sa basilique; à Aïn-Tamzert, nouvelles ruines; à Aïn-Zana, au pied du Mestaoua, les restes de Diana Veteranorum; les deux beaux arcs de triomphe, la porte du temple de Diane, la basilique chrétienne avec son autel encore debout, le fort byzantin dont les murs ont plus de deux mètres d'épaisseur, les thermes, des décombres de toutes sortes enfin, couvrant une étendue de 4 kilomètres carrés, montrent quelle était la prospérité de cette colonie.

De nouvelles ruines à Aïu-Taga, à Ksar-Seriana, prouvent combien cette région était habitée dans l'antiquité; il est à désirer que nous puissions imiter bientôt l'exemple des Romains et que ces belles vallées deviennent, de nouveau, le centre d'établissements florissants.

Batna n'était qu'un camp fortifié à l'origine, autour duquel sont venues se grouper les maisons qui forment la ville actuelle. Appelée d'abord Nouvelle-Lambèse, elle reçut, en 1849, son nom actuel de Batna. Les 2,000 hommes de la garnison occupent de belles casernes, entourées d'une chemise en pierre; la ville, qui compte près de 4,000 habitants, a eu beaucoup à souffrir lors de l'insurrection de 1871, qui mit à feu et à sang presque toute la province de Constantine, englobant dans une haine commune contre l'étranger les Arabes aristocrates et les Kabyles républicains. Batna est une ville propre et bien percée; les rues sont ombragées de beaux platanes; les édifices n'ont rien de remarquable; la promenade de la Prairie contient le Musée où ont été transportés des monuments romains provenant de Lambessa.

Batna est un poste agréable; les environs en sont charmants. La forêt, qui s'étage sur les flancs du Tougourt, est une des plus belles de l'Algérie. Sans être aussi étendue que celle de Teniet-el-Hâd, elle renferme, comme elle, des cèdres de toute beauté. C'est un enchantement que de se promener sous les ombrages de ces arbres séculaires, aux proportions gigantesques, au tronc droit et énorme, qui fait songer à ces cèdres monstrueux du Liban dans lesquels Salomon tailla les colonnes du temple de Jérusalem. Le Tougourt, lui-même, dont la silhouette hardie s'élève à 2,100 mètres au-dessus du niveau de la mer, ajoute un charme de plus au paysage.

Mais le joyau des environs de Batna, c'est Lambèse; à 11 kilomètres de la ville française, vivante et gaie, se dressent les ruines de Lambœsis, mornes et tristes, et auxquelles les 800 habitants de la commune moderne ne réussissent pas à rendre quelque animation. Quartier général de la troisième légion romaine, citadelle destinée à couvrir les possessions de l'empire contre les envahissements des Numides, Lambœsis était une ville florissante et riche dont les décombres couvrent aujourd'hui encore près de 600 hectares.

Lambœsis n'a pas été détruite, elle n'a pas subi les horreurs d'un siège, suivi d'incendie et de pillage. Elle a dû être évacuée à l'époque de l'invasion des Vandales, et le temps seul, de sa main impitoyable, a démoli les murailles de son enceinte, ébréché les frontons de ses palais, renversé les colonnes de ses temples.

Les Grecs du Bas-Empire, les Arabes ensuite ont essayé de rendre quelque vie à la cité morte; mais, quand les troupes françaises la visitèrent en 1844, elle était abandonnée depuis longtemps.

Un peu avant d'arriver à Lambèse, on retrouve la voie romaine, bordée de chaque côté de monuments funéraires chargés d'inscriptions; le prétoire du légat, transformé en Musée, est encore debout, mais la toiture a disparu et les objets exposés se perdent sous l'action de la neige et de la pluie.

Quatre arcs de triomphe, sur quarante qui existaient

encore au siècle dernier, le temple d'Esculape construit par ordre de Marc Aurèle et de Lucius Verus, le tombeau de Flavius Maximus, démonté pierre par pierre et reconstruit avec un soin pieux par le colonel Carbuccia qui l'a préservé ainsi d'une destruction imminente, tels sont les principaux monuments de la ville ; des colonnes renversées, des murs effondrés, des stippes jonchent au loin la terre, et le visiteur emportera de Lambèse une impression de tristesse et de solitude, qui ne s'effacera que devant la joyeuse campagne qui fait à Batna une ceinture verdoyante.

En remontant de Batna vers le nord, dans la direction de Constantine, il faut visiter le Med'rasen, qui s'élève dans les environs d'Aïn-Yacout (la fontaine du diamant brut) à 40 kilomètres environ de Batna. Le Med'rasen est un monument original, bizarre, sur lequel se sont escrimées depuis cent ans la science et l'ingéniosité des explorateurs.

Qu'on se figure un cylindre assez court, surmonté d'une série de 24 cylindres décroissant successivement et formant autant de gradins au-dessus du cylindre inférieur. La plate forme supérieure a 11 mètres 40 de diamètre, et son affaissement central forme un entonnoir de 1 mètre 50 environ. Le gradin inférieur a 58 mètres 66 de diamètre ; il forme une corniche saillante, supportée par 60 colonnes engagées, espacées de 2 mètres 90 d'axe à axe, et ayant 2 mètres 70 de hauteur, chapiteau compris. Ces colonnes reposent sur un double soubassement, à peu près caché par les terres qui se sont amoncelées à son pied. Le monument entier devait mesurer autrefois 18 mètres de haut.

On a découvert l'ouverture d'un escalier dans le

quatrième gradin; cet escalier, bouché par une pierre du gradin que l'on faisait glisser, était obstrué à la sixième marche. On supposa qu'au fond devait se trouver un puits, comme dans les Pyramides (1). Mais de nouvelles recherches ont été faites en 1873 et ont permis la découverte d'autres marches; on est arrivé ainsi jusqu'à une galerie et à une chambre sépulcrale de 3 mètres de long sur 1 mètre 50 de large; on y constata des traces d'incendie, et on n'y trouva que des débris de poteries et quelques morceaux de cuivre.

A l'ouest du monument était adossé un bâtiment rectangulaire assez grand, dont il ne reste presque rien.

On se demande quelle put être la destination du Med'rasen; il n'est plus permis de douter, aujourd'hui, que ce n'ait été là quelque tombeau fastueux, élevé à la gloire d'un roi numide, comme les Pyramides d'Égypte élevées à celle des Pharaons. Le docteur Leclerc n'hésite pas à dire que c'est le tombeau de Massinissa, édifié par son fils Micipsa.

Le Med'rasen est, en effet, au centre du pays qui, pendant deux siècles, fut l'empire de la famille de Massinissa.

A quelques kilomètres au nord d'Aïn-Yacout sont les chotts Tinsilt et Mzouri, entre lesquels passe la route de Constantine, lacs d'eau salée, habités en hiver par les flamants et les canards sauvages.

Biskra est situé à 120 kilomètres au sud de Batna. Une route nouvelle y conduit; le pays, ici, change d'aspect; ce ne sont plus les massifs imposants du Tell,

---

(1) Piesse, *Itinéraire de l'Algérie*. Paris, 1882. Hachette.

les ruines, les gorges se succédant avec une variété pittoresque, les forêts alternant avec les villages et les champs cultivés. La nature revêt un caractère plus grave et plus désolé ; la route, en effet, cotoie les contreforts abrupts de l'Aurès, en suivant la vallée de l'oued Kantra, et passe sur les confins de l'Hôdna, cette plaine autrefois si fertile, aujourd'hui steppe inféconde qui semble annoncer le Sahara, qu'elle rejoint à travers la trouée de l'Aurès. Les cours d'eau ne se rendent plus à la mer, comme dans le Tell, ou à des lacs intérieurs, comme dans la région des Hauts-Plateaux ; ils se dirigent du nord au sud, vers le Désert, où ils se perdent. Les puits deviennent plus nombreux, à mesure que les sources naturelles diminuent ; les villages et les villes sont entourées, déjà, de véritables oasis.

De nombreux caravansérails se trouvent sur la route qui passe près d'Aïn-Touta, village d'Alsaciens-Lorrains, entouré de terres fécondes. Au caravansérail des Tamarins, la route et la rivière s'engagent dans un défilé escarpé entre le Djebel-Tilatou à droite et le Djebel-Gaous à gauche. La descente du Col des Juifs est vertigineuse ; la route qui longe la rive gauche du torrent est, du reste, excellente, et l'on ne regrette pas de ne plus être obligé de suivre le chemin taillé en corniche le long des rochers, surplombant l'abîme, ou descendant brusquement jusque dans le lit de la rivière, et de passer sur le pont jeté sur le précipice. Ce pont, d'origine romaine, a une seule arche de 10 mètres d'ouverture ; sa hauteur au-dessus de l'oued Kantra est de 14 mètres. Il avait dans les temps passés une importance capitale ; il assurait, en effet, à son possesseur le passage du Tell dans le désert ; aussi les Arabes l'ont-ils appelé Foum-es-Sahara (la bouche du Sahara). On y jouit d'une vue splendide sur la vallée d'El-Kantra, dont l'œil aperçoit les palmiers.

El-Kantra est la première oasis sur la route de Biskra ; elle est formée par la réunion de trois villages entourés, avec leurs palmiers, d'un mur en pisé que coupent, de loin en loin, des tours crénelées. Les habitants de l'oasis, au nombre de 2,000 environ, s'occupent de la culture de leurs palmiers et de leurs jardins, patiemment conquis, au moyen de canaux d'irrigations, sur les terrains d'alluvions de la rivière. Les femmes tissent la laine, confectionnent des burnous et des tellis, et vaquent au soin du ménage. L'oasis est dominée par les rochers gigantesques du Djebel-Gaous et du Djebel-Esser, dont la nudité abrupte fait ressortir davantage le charme de l'oasis.

A 25 kilomètres d'El-Kantra est l'oasis d'El-Outaïa, détruite dans les guerres du Sahara, et qui n'offrait plus il y a trente ans qu'un seul palmier ; depuis, la butte sur laquelle est construit le village s'est recouverte de verdure : ses palmiers, ses cotonniers surtout lui rendront bientôt son ancienne importance.

Il faut mentionner en passant le Djebel-R'arribou, un peu avant El-Outaïa. C'est une montagne de sel gemme, exploitée par les Arabes qui retirent, en été, les blocs de sel que les pluies et les neiges de l'hiver ont désagrégés.

Après El-Outaïa, on passe le col de Sfa, du point le plus élevé duquel on embrasse l'immensité du désert ; sauf à gauche, où se dressent les derniers contreforts du massif de l'Aurès, l'œil ne voit que du sable. C'est un spectacle grandiose que celui de cette plaine sans fin, dont l'horizon n'est limité par aucune montagne et qui semble se confondre au loin avec le ciel. Les taches noires des oasis parsèment cette immensité, miroitant au soleil et rappelant l'Océan : c'est ainsi que nos soldats, apercevant pour la première fois le Sahara, le prirent pour une nappe d'eau et s'écrièrent joyeusement : « La mer ! la mer ! »

Du col de Sfa, on descend rapidement vers Biskra en passant par une série de monticules, dont l'un a servi à la construction du fort Saint-Germain ; ce petit fort, situé à 2 kilomètres de la ville, est devenu le centre de la population française ; à cinq pieds de ses murs s'étend une place plantée d'arbres, bordée au nord et au sud par des maisons, et à l'ouest par un Jardin d'Acclimatation.

Biskra est la capitale de Ziban ; elle est le chef-lieu d'une commune mixte qui compte 1,607 habitants et d'une commune indigène de 104,000 habitants.

Le Zab (au pluriel Ziban) est une région assez étendue qu'une chaîne de montagnes sépare de l'Hôdna à l'ouest, et qui s'étend jusqu'au Djebel-Oulad-Omran. Le massif de l'Aurès le limite au nord, et il s'étend au sud jusqu'aux approches du chott Melghigh. Le Zab est couvert de nombreuses oasis, d'importance diverse, séparées les unes des autres par des sables ou des marécages.

Biskra est la plus grande de ces oasis ; elle est située sur la rive droite de l'oued Biskra, formé par la réunion de l'oued Kantra et de l'oued Abdi. La ville française, sous la protection du fort Saint-Germain, ne forme guère qu'une longue rue bordée d'un côté seulement de maisons à arcades presque toutes en briques séchées au soleil; puis vient le village nègre, auquel fait suite le village indigène. Au delà sont les ruines de l'ancienne ville, que domine la kasbah, abandonnée depuis la construction du fort Saint-Germain.

Telle est Biskra. Mais autour de ce centre sont groupés, au milieu de leurs forêts de palmiers, de nombreux villages formés de maisons en tôb ou de tentes, et qui ne présentent rien de remarquable, si ce n'est l'architecture bizarre de quelques-unes de leurs maisons, et la Koubba d'Abou'l-Fadel.

La vraie beauté de Biskra, c'est sa ceinture de palmiers-dattiers. Le dattier, selon le proverbe arabe, veut avoir les pieds dans l'eau et la tête dans le feu; sa culture nécessite donc une irrigation continue. Aussi, en parcourant l'oasis, ne rencontre-t-on que canaux d'irrigation, rigoles, qui entretiennent l'humidité constante du sol et le transforment, pour ainsi dire, en un vaste marécage.

L'eau qui ne sert pas à arroser les dattiers s'emploie pour la culture des céréales. Il y a 140,000 palmiers à Biskra, environ une centaine par hectare; chaque hectare absorbe pendant la saison d'été, dit M. Hardy, 10,378 mètres cubes d'eau. Chaque palmier en reçoit 100 mètres 70 centimètres cubes pendant le même temps.

Chaque arbre produit, dans sa plus grande force, une moyenne de 72 kilog. de dattes par an (les dattes ont sensiblement la même valeur que le blé). Les habitants sont arrivés à un haut degré de perfectionnement dans la culture du dattier et lui ont fait produire jusqu'à 75 variétés.

Les principales oasis des Ziban, après Biskra, sont, dans le Zab Chergui, ou de l'Est : Sidi-Okba, la capitale religieuse du pays, pauvre bourgade dont la mosquée est la plus ancienne de l'Algérie ; ornée d'un minaret carré, élégant, décorée d'un portique et d'une colonnade, elle renferme les restes de Sidi-Okba et possède une porte admirablement sculptée ; Zeribet-el-Oued, célèbre par le miracle de Sidi-Hassen qui fit couler l'eau de l'oued El-Arab, à sec depuis longtemps, et qui rendit ainsi la vie à l'oasis; Liana, entourée d'un terrain rocailleux ; Khrenguet-Sidi-Nadji avec sa belle mosquée en pierre et en marbre où l'on reconnaît la main d'architectes de Tunis, sur les contreforts de l'Aurès, au pied du Djebel-Tamazouz ; Badès, ancien poste romain.

Les oasis du Zab-Guebli, ou du Sud, sont : Oumach, dans un pays fiévreux ; Mélili et Bigou, au milieu de sables mouvants ; Ben-Thious, dont la mosquée détache sa coupole ovoïde au milieu du vert métallique des palmiers ; Lioua, où l'on extrait le salpêtre des terres prises au milieu des anciennes bâtisses de l'oasis.

Le Zab-Dahraoui, ou du Nord, qui est séparé par des sables et des marécages du Zab-Guebli, comprend : Bou-Chagroun ; Lichana, où l'on fabrique des tapis de toute beauté et où l'on récolte des dattes exquises ; Zaatcha, qu'a rendu immortelle le siège qu'elle soutint en 1849 et qui nous fit subir des pertes si cruelles. Il fallut, en effet, emporter d'assaut une ville admirablement défendue par ses palmiers, ses canaux, les murs crénelés de ses jardins. Une fois maître des approches, on dut faire le siège de chaque maison, et l'on ne réussit à s'emparer de la place qu'au prix des sacrifices les plus héroïques. Pour comble d'infortune, le colonel Canrobert, envoyé au secours du général Herbillon, avait apporté le choléra dans les rangs des assiégeants. C'est à cette circonstance qu'il dut, pourtant, de ne pas être inquiété pendant sa marche sur Zaatcha. En effet, il faisait dire aux rebelles qu'il portait la mort avec lui, et tous s'éloignaient sans nous offrir la bataille.

Tolga, ancienne ville romaine, est, après Biskra, la plus importante de ces oasis; elle possède encore un château-fort, dont les six tours sont en bon état et auxquelles s'adossent les maisons sahariennes. Les mosquées, les Koubbas, les Zaouïas sont nombreuses à Tolga.

Telle est la physionomie des Ziban : des forêts de palmiers, de dattiers entourant les villages; sur le bord des oued, partout où cela est possible, des champs de blé. Entre chaque oasis, le désert, c'est-à-dire des plaines rocailleuses et arides, des sables mouvants, des dunes, ou bien de vastes espaces couverts de plantes rabougries, tourmentées, presque sans feuilles, et qui luttent misérablement pour leur existence. Mais il ressort de l'examen attentif de cette région que sa fertilité dut être autrefois plus grande; les ruines qui la recouvrent en sont la preuve. Certainement, on a fait beaucoup déjà pour lui rendre un peu de sa prospérité perdue; mais il faut multiplier les canaux, rechercher les sources, creuser des puits, et le pays du Zab redeviendra ce qu'il était, un inappréciable joyau.

De Biskra à Tougourt, on n'a plus qu'une route de caravanes, c'est-à-dire difficile et dispendieuse. Le touriste a besoin de tout son courage et de toute son énergie pour affronter le passage à travers le Sahara. Plus que partout ailleurs en Algérie, les précautions hygiéniques sont nécessaires sous ce climat extrême, et l'on n'en saurait prendre de trop minutieuses. Tougourt est, en effet, sous un climat extrême ; on y a vu la température baisser à 7 degrés au-dessous de zéro et monter à 56 degrés à l'ombre. La route est jalonnée de puits, et traverse de nombreuses oasis. Ces oasis sont situées dans une dépression du sol qui se dirige vers le sud et qu'on appelle la vallée de l'Oued-R'ir. L'oued R'ir n'est pas une rivière à ciel découvert ; c'est une nappe souterraine enfoncée à plus de 50 mètres sous terre, et dont de nombreux forages artésiens ont fait jaillir l'eau au milieu des sables et des rocailles du désert.

La région entière est malsaine : c'est un pays fiévreux, aux émanations duquel peuvent seules résister les populations indigènes.

Sethil, Koudiat-el-Dour, M'reir, Djemâ, Sidi-Amran, Tamena-Djedida, Sidi-Rached, Ksour, sont les principales oasis qu'on rencontre sur la route. A Koudiat-el-Dour, on descend dans la plaine, couverte d'efflorescences salines qui se prolongent jusqu'au chott Mel'rir. Dans ces plaines salées, le mirage se produit avec une grande intensité, leurrant sans cesse le voyageur d'un espoir toujours déçu. Le chott Mel'rir s'étend à l'est jusque dans le désert de Tunis.

A l'oasis de Tamena-Djedida se rattache un souvenir qu'il faut rappeler. C'est là, en effet, que fut creusé le premier puits artésien par nos soldats. Une véritable rivière jaillit, dit le général Desvaux, et les indigènes, accourus de loin pour admirer le résultat des travaux, le firent bénir par leurs marabouts et l'appelèrent « la fontaine de la Paix ».

Tougourt, à peu près à 200 kilomètres de Biskra, est située au point le plus haut du pays, entre les Beni-M'zab à l'ouest et l'Oued-Souf à l'est. L'oasis comprend environ 6,000 habitants; la ville est entourée d'un fossé rempli d'eau et protégée à l'ouest, contre l'envahissement des sables, par un mur de 8 à 10 mètres de haut; elle affecte une forme ronde, et les maisons au bord du fossé se touchent de façon à constituer un mur de défense percé de deux portes. Les maisons sont construites en briques séchées au soleil; celles des riches seules sont faites en moellons de plâtre, reliés par du mortier; elles sont munies de terrasses que soutiennent des troncs de palmiers, et surmontées souvent d'un appareil ressemblant à une potence et destiné à suspendre des outres pleines d'eau quand on veut les rafraîchir. La kasbah, qui contient une caserne et un hôpital, une dizaine de mosquées sont les seuls monuments de Tougourt. La grande mosquée est dallée de marbre, et des colonnes en supportent la voûte. Ces matériaux ont été amenés des carrières de Tunis à travers le désert; on peut s'imaginer aisément ce qu'il a fallu de chameaux et d'hommes pour les faire parvenir à l'oasis.

400,000 palmiers ombragent Tougourt. A leur ombre s'étendent des jardins splendides où l'on cultive d'admirables céréales et des légumes savoureux. Les habitants de l'oasis ne sont pas seulement maraîchers; ils s'adonnent aussi à l'industrie, et les cordonniers, les armuriers, les orfèvres, les forgerons, etc., abondent dans la ville.

La garnison est composée de tirailleurs indigènes et de spahis.

Un dernier détail enfin : l'eau de Tougourt, comme presque partout dans l'oued R'ir, est amère et purgative. A quelques kilomètres sud de l'oasis se trouve Témacin, entourée d'un mur circulaire et bâtie au milieu d'une forêt de palmiers.

Temacin est sur la route de Ouargla ; c'est à partir de cette oasis que commence véritablement le vrai désert. Ce n'est plus qu'une immensité horizontale, ressemblant de loin, avec ses dunes de sable, ses rochers, ses monticules, à une mer subitement pétrifiée; on touche ici au grand Sahara, à cet espace immense dont nul n'a jamais sondé la profondeur et qui gardera inviolé, longtemps encore, le secret de sa vie et de son étendue (1).

Nous voilà bien loin de Sétif. Il faut pourtant y revenir. Nous avons, en effet, deux points intéressants à décrire encore dans la province de Constantine : Tebessa, à l'extrême frontière est, et Bordj-bou-Areridj, sur la route d'Alger.

L'excursion de Tébessa se fait plus commodément depuis Constantine, quoiqu'on puisse y arriver par Sétif et Batna ; mais la route est plus longue et de Batna à Aïn-Beïda n'est plus qu'un chemin de mulets.

Après avoir dépassé les environs charmants de Constantine et suivi le cours de l'oued Kelb, on passe par le défilé qui commande la route de Tébessa et de Souk-Ahrras ; Sigus est bâtie dans ce défilé et présente de

---

(1) *Voir*, pour de plus amples détails sur le Sahara, l'ouvrage de M. Raoul Postel : *Sahara*. Degorce-Cadot, Paris, 1883.

nombreux vestiges romains. Au sortir du défilé, une plaine unie, fertile et qui est malheureusement peu cultivée, s'étend jusqu'à Aïn-Beïda sur une superficie de 12,000 hectares. On rencontre dans cette plaine, outre quelques villages peu importants, de nombreux dolmens et des monuments mégalithiques qui font songer aux bruyères de la Bretagne, à ses menhirs et à ses cromlechs.

Aïn-Beïda est une jolie petite bourgade, doublée d'un village nègre, entourée de terres bien cultivées, et dont les habitants ont à leur disposition une source donnant plus de 400 litres d'eau par minute. Il y a dans les environs des mines de cuivre, d'antimoine et de fer.

On peut d'Aïn-Beïda se diriger sur Khrenchela, au pied de l'Aurès, dont on longe les contreforts pour aller de Batna aux Ziban. L'Aurès est un massif pittoresque et sauvage; sa plus haute montagne, le Chelia, atteint 2,312 mètres. Le bourrelet septentrional de cette chaîne, profondément découpé et raviné, présente des flancs abruptes, des parois escarpées, couvertes de rochers et de forêts; puis brusquement les pentes s'arrêtent, formant comme une espèce de cirque dont le fond est couvert d'alfa, parfois creusé de quelque lac salé, et dont les murailles ont de 500 à 800 mètres de hauteur. Du côté du sud sont des montagnes moins élevées, et leurs pentes diminuent à mesure qu'on se rapproche du pays de Zab.

Tebessa, à 90 kilomètres sud-est d'Aïn-Beïda, est située à 1,088 mètres d'altitude entre le Djebel-Osmor au sud et le Djebel-Dir au nord. C'est notre dernier poste important du côté la frontière tunisienne. L'antique Théveste, dont les ruines jonchent au loin la plaine, occupait une étendue bien plus vaste que la Tebessa actuelle. La ville arabe est tout entière contenue dans l'enceinte de la citadelle construite par Salomon, successeur de Bélisaire, après l'expulsion des Vandales. La muraille de cette citadelle, percée de trois portes, est encore debout; elle a 7 mètres de hauteur sur 2 d'épaisseur, elle est flanquée de tours. Il n'y a que peu de constructions européennes; sauf la kasbah française, presque toutes les maisons sont arabes. Malgré cela, elles sont bien construites, et les rues, larges, sont bien pavées. Il est vrai que les matériaux ne font point défaut, et que les ruines de Théveste sont inépuisables.

Les monuments de Tebessa sont plus beaux et respirent un air de grandeur plus majestueuse que ceux de Lambèse. L'arc de triomphe dédié à Septime Sévère, à Julia Domna sa femme et à Caracalla, est une merveille. Il est à quatre faces, en ce sens que chaque face représente un arc de triomphe ordinaire; décoré de colonnes, de sculptures et d'inscriptions, il est avec l'arc de Janus, à Rome, le seul modèle, encore existant, de ces arcs de triomphe dits « *Quadrifons* ».

L'église catholique est installée dans le temple de Minerve; on y arrive par un escalier monumental de vingt marches. La façade est entourée de colonnes, mais n'a pas de fronton. C'est un fort beau monument, de style corinthien, et d'une imposante sévérité.

Un cirque, des tours ruinées, des puits, des conduites d'eau, les débris d'une basilique, telles sont les restes de Théveste.

Enfin, dans le défilé de Rfana, une route romaine, taillée dans le roc sur un parcours de 2 kilomètres, porte encore les empreintes des roues des voitures.

Les environs sont, du reste, sauvages ; des ravins abrupts, des torrents se précipitant en cascades du haut des rochers, des forêts escaladant les montagnes jusqu'au faîte font de cette partie du Djebel-Osmor un but d'excursion intéressant.

Sur la route de Tebessa à Bône se trouve Souk-Ahrras, à la jonction de cette route avec celle de Constantine à Tunis ; elle est également une station du chemin de fer de Bône à Tunis. C'est là une situation exceptionnelle, qui, jointe à la fertilité du pays et à la salubrité du climat, devait amener le rapide essor de la ville, sans que l'administration eût besoin de la favoriser. En effet, Souk-Ahrras est devenu un marché très important, où viennent s'échanger les marchandises de la Tunisie, les céréales, les fourrages et les fruits que produit comme à plaisir cette région, les bestiaux, les moutons, qui s'engraissent sur ses gras pâturages, le liège et les bois de charpente que l'on tire de ses belles forêts.

Peuplée de 3000 habitants environ, Souk-Ahrras, bâtie sur un petit plateau mamelonné, n'a pas de monuments : son église, son bordj, ses maisons, tout est nouveau et n'a rien de remarquable.

Il nous faut retourner sur nos pas maintenant et revenir dans la partie occidentale de la province, à Sétif, afin d'y gagner la route d'Alger.

Une voie ferrée, récemment achevée, relie Constantine à Alger, en passant par Sétif. Mais, si le voyageur ne craint pas les fatigues dont il sera amplement récompensé par la beauté du paysage, il fera mieux de suivre l'ancienne route, commode et bien entretenue, et qui lui permettra de s'arrêter où bon lui semblera sans qu'un conducteur pressé vienne le faire monter en wagon, et l'arracher à la contemplation de quelque site enchanteur.

On sort de Sétif par la porte d'Alger, et l'on abandonne bientôt l'ombrage bienfaisant des beaux mûriers de la promenade pour se diriger sur Aïn-Arnat et Aïn-Messaoud. A partir de là, on suit pendant quelque temps le cours du Bou-Sellam, qui, du Djebel-Magris, où

Un douar.

il prend sa source, va se jeter, après avoir traversé les gorges les plus pittoresques, arrosé les vallées les plus riantes sur un parcours de plus de 200 kilomètres, dans l'oued Sahel, dans les environs d'Akbou.

On traverse le Bou-Sellam qui s'infléchit vers le nord, et la route, continuant à se diriger vers l'ouest en s'inclinant vers le sud, passe au milieu de la plaine qu'encadrent des deux côtés des montagnes de plus en plus élevées. La plaine est nue, sans un arbre, sans un buisson ; de temps en temps, un *douar*, groupe de tentes formant la demeure d'une tribu ou d'une portion de tribu, rompt la monotonie du paysage. Ces tentes, en poils de chameau, détachent sur le fond gris du terrain leur silhouette noire et bosselée. Elles sont habitées par une population nomade, dont les troupeaux paissent à l'entour, et gardées par ces lévriers à la mine efflanquée, aux longs poils raides, à la voix rauque, qu'on appelle des *slouguis*.

Quand un étranger d'importance visite ces douars, ils sortent pour un instant de la tristesse et de l'abandon qui semble peser sur eux. Les tentes s'animent, de grands feux brillent dans les coins, allumant les tentes noires de leurs reflets rougeâtres. Des moutons entiers, traversés par un bâton, rôtissent à la broche, en plein air, pendant qu'à deux pas les matrones préparent le kouskoussou. Ce mets national, qui dans bien des familles constitue l'unique aliment, consiste en petites boules farineuses, de la grosseur d'un grain de riz, fabriquées à l'avance et cuites dans de l'eau ou du lait et assaisonnées de mergâ, sauce au piment rouge qui emporte les palais délicats et brûle les entrailles de ceux qui ne s'en défient pas.

On sert le kouskouss sur un grand plat de bois, muni d'un trépied ; on le pose au milieu des convives accroupis à terre sur des coussins ; chacun d'eux, muni d'une cuiller en bois, plonge dans le plat et mange à même, « *faisant son trou* » selon une expression locale, dans lequel un serviteur verse de

Une rue d'El-Kantra (Oasis de ce nom).

temps en temps un peu de mergâ; après le kouskoussou, l'on sert, dans les repas de parade, un mouton entier, que chacun dépèce avec ses doigts; souvent l'amphytrion, pour vous honorer, vous remet le morceau succulent qu'il vient d'arracher au rôti. On sert avec le mouton des galettes en guise de pain et l'on fait passer à la ronde une écuelle remplie d'eau ou de lait. Le café obligatoire termine ces agapes, où le chef de la famille mange seul avec ses hôtes; quand ceux-ci ont quitté la salle ou la tente du festin, les femmes et les enfants s'installent à leur tour, et sont finalement remplacés par les serviteurs.

Ces repas, s'ils se passent entre Arabes, sont en général peu bruyants ; j'ai assisté, pour ma part, à plusieurs « *diffahs* » de ce genre, et j'avoue qu'après avoir surmonté un sentiment d'appréhension, bien naturel en pareil cas, je n'ai ni mieux ni moins bien dîné qu'ailleurs. La cordialité de l'amphytrion est, du reste, parfaite ; l'étranger qui mange sous son toit est sacré, et il fera tout au monde pour lui rendre agréables les courts moments qu'il passe sous sa tente. Souvent il le renverra chargé de présents, de tapis, d'aiguières, de pipes, de burnous; il cède alors à sa générosité naturelle ou peut-être à un intérêt puissant, souvent à la passion de l'ostentation, innée aux Arabes, et qui est assez forte pour faire taire en lui la voix de l'avarice.

En approchant de Bordj-bou-Areridj, le paysage change de caractère; les montagnes s'écartent davantage, les champs sont plus fertiles, les arbres moins rares; la koubba de Sidi-Embarek est située au milieu d'un saisissant paysage, véritable oasis où l'eau abonde, et où les jasmins et les roses forment, dans les jardins, des fourrés impénétrables. La petite koubba se détache au milieu de cette verdure et fait miroiter au soleil ses murailles blanches et son dôme écrasé.

El-Anasser est un village dont les environs, abondamment pourvus d'eau, sont d'une fécondité proverbiale. On n'est plus qu'à 4 kilomètres de Bordj-bou-Areridj, et bientôt, au détour de la route, on aperçoit dans la plaine la ville, le château du commandant et le bureau arabe, penché sur une petite colline, promonmontoire d'où on domine la plaine.

Je n'oublierai jamais l'entrée que fit à Bordj, le 26 mars 1871, la colonne Bonvallet. L'insurrection formidable de Mokhrani venait d'éclater ; elle grondait autour des murs de la vaillante petite cité. La population, réfugiée dans la citadelle, avait vu la ville livrée à l'incendie et au pillage, auxquels la faible garnison assistait impuissante. Mokhrani, le puissant bachagha de la Medjana, donna plusieurs fois l'assaut aux remparts ; des mines furent creusées ; des voitures blindées, amenées sous les remparts, devaient protéger les assaillants... Il était temps que la colonne expéditionnaire arrivât ; les assiégés étaient à bout de ressources, et un siège de dix jours avait presque épuisé leurs munitions. Les abords de la place étaient jonchés de cadavres arabes, parmi lesquels on se montrait des femmes dont la figure avait conservé, dans la mort, la farouche énergie qui les avait fait se ruer à l'assaut comme des hommes ; des vautours, au col déplumé, s'envolaient à notre approche, dérangés dans leur repas hideux, avec des battements d'ailes lugubres.

Les habitants, hâves et maigres, étaient venus à notre rencontre, nous tendaient les mains, nous embrassaient; d'autres visitaient en pleurant les ruines de leurs maisons effondrées, saccagées, où pas un meuble, pas une porte n'étaient restés entiers.

Bordj-bou-Areridj, à 67 kilomètres de Sétif, était, avant la catastrophe, une petite ville aux maisons régulières, aux rues propres et larges, ayant une église, un presbytère, un bureau arabe, une justice de paix, des écoles, etc.

Le bordj du commandant du cercle qui domine la route de Sétif est une construction massive, flanquée de quatre tours surmontées d'une coupole conique. A l'autre extrémité de la ville, d'une petite éminence, où s'élèvent le bureau arabe et l'église, l'on embrasse la plaine fertile de la Medjana, qui déroule au loin ses champs verdoyants.

Bordj-bou-Areridj renaît aujourd'hui de ses ruines. La Medjana, enlevée aux Mokhrani, doit être couverte de villages nouveaux, et bientôt la ville ne se souviendra plus des événements de 1871 que comme d'un affreux cauchemar.

La Medjana est comprise entre le Djebel-Guergour et le Djebel-Dréal, au nord, et le Djebel-Nechar, au sud. Elle est traversée par de petits cours d'eau, la plupart affluents de l'oued Ksab, qui se jette dans l'Hôdna, ou de ses tributaires.

Le bordj Medjana, à 12 kilomètres de la ville, était l'ancienne résidence de Mokhrani; il est entouré d'un petit village. La maison du célèbre bach-agha n'a rien de remarquable; de construction moderne, elle affecte la forme rectangulaire; elle est entourée d'un mur crénelé, flanquée aux coins de tours carrées. Les appartements prennent jour sur une cour intérieure, munie d'une fontaine et entourée d'une galerie supportée par des colonnes. Une galerie semblable règne au premier; les murs, enjolivés de nombreuses arabesques, sont peints de couleurs voyantes. Le général Saussier fit sauter le bordj, après le combat du 8 avril 1871, et il est peu probable que jamais il se relève de ses ruines.

Les jardins du bach-agha étaient soigneusement irrigués, ombreux et frais; ils sont, avec leurs grands arbres et le murmure de leurs ruisseaux, un séjour délicieux.

De nombreux silos entouraient le village. Les silos sont des cavités creusées dans la terre, à une assez grande profondeur, formant une chambre souterraine, et communiquant avec l'extérieur au moyen d'un couloir vertical, n'ayant guère plus de 1 mètre 50 à 2 mètres de diamètre. Ces silos servent à conserver les grains. Beaucoup sont abandonnés, et le voyageur doit les éviter avec soin, car leur ouverture est à ras du sol, cachée dans les herbes, et une chute dans ces espèces de cavernes est toujours dangereuse.

De Bordj-bou-Areridj, une route, en partie muletière, qui suit le cours de l'oued Ksar, mène par de nombreux défilés, des ravins, des cols sauvages, à M'Sila, située sur le versant méridional de l'Atlas, au bord de l'oued Ksab, et à Bou-Sâda.

M'Sila, une petite ville construite en briques séchées au soleil, malpropre et raboteuse, n'a d'autre curiosité que les minarets de ses mosquées, penchés comme la tour de Pise, mais plutôt par le fait du temps que par la volonté de l'architecte.

A partir de M'Sila, on se trouve dans le Hôdna, plaine

sablonneuse dont le fond est occupé par un lac d'eau salée. Quelques arbres, quelques herbes viennent, de temps en temps, rompre la monotonie de la route, et cependant l'Hôdna était jadis aussi fertile que la Mitidja ou la vallée de la Seïbouse. Le lac salé est souvent à sec et la chaleur sur ses rives est torride. Il est traversé par la route de Freha à Aïn-Benian dans sa partie occidentale.

Bou-Sâda, dans la province d'Alger, est une ville agréable, de 5,000 habitants environ, ayant déjà un caractère saharien prononcé. La citadelle est construite au point le plus élevé de la colline, sur les flancs de laquelle s'étagent les maisons et dont le pied est entouré d'une ceinture de palmiers. Les dômes ovoïdes de deux koubbas s'élèvent au-dessus des constructions arabes, uniformément noyées dans un ton gris-brun, qui s'anime et s'éclaire au soleil, mais qui, le soir venu, donne à la ville un aspect triste et sale. Bou-Sâda est déjà un ksar, c'est-à-dire une ville du Sahara. Son commerce est peu important, son industrie à peu près nulle.

Une autre excursion à faire depuis Bordj-Bou-Areridj est celle de Zamoura, bâtie sur l'oued Zamoura, qui se jette dans le Bou-Sellam. Zamoura est entourée de riants jardins, et on y voit en même temps des palmiers. Ce n'est pas la ville, malgré son originalité, qui présente le plus d'intérêt ; c'est le pays qui l'entoure, c'est cette vallée charmante du Bou-Sellam qui semble rouler, comme à regret, ses flots vers la mer. Ce sont ces montagnes aux arbres séculaires, que couronne quelque solitaire koubba ; ce sont ces vallées profondes, ces parois rocheuses que le soleil n'éclaire jamais, et entre lesquelles un torrent impétueux se fraye, en mugissant, un étroit passage; ce sont ces points de vue superbes sur la Medjana, sur Bordj-Bou-Areridj, caché dans les arbres de ces jardins, sur les montagnes de Sétif; c'est, enfin, ce beau paysage algérien, avec ses verdures étonnantes, ses roches nues, ses cascades bondissantes, ses villages mystérieux, ses sentiers vertigineux, sur lequel le soleil verse à flots l'or de ses rayons, illuminant de teintes éclatantes les mille couleurs de cette gigantesque palette.

DEUXIÈME PARTIE

PROVINCE D'ALGER

Alger. — Blidah. — Orléansville. — Ténès. — Milianah. — Médéah. — Aumale. — La Kabylie. — Laghouat. — Ouargla.

Bordj-bou-Areridj est à 56 kilomètres environ de la frontière de la province d'Alger. La route, qui depuis Sétif suivait une direction presque rectiligne, ne s'infléchissant que très peu vers le sud, remonte brusquement vers le nord-ouest et pénètre dans la Kabylie; de belles forêts, des vignobles, des champs bien cultivés se succèdent tout le long. Mais, après Mansourah, elle devient plus sauvage et s'engage enfin dans le célèbre défilé des Biban ou des Portes de Fer. Ce défilé, formé par des roches verticales, et au fond duquel coule l'oued Mekhlou, est loin d'être aussi beau, aussi grandiose, aussi sauvage que le Chabet-el-Akhra. Ce qui a valu aux Biban leur réputation, c'est la terreur superstitieuse qu'ils inspiraient. Jamais les légions romaines ne les avaient franchis; les Turcs n'y avaient passé qu'en acquittant un tribut. Faire traverser ce défilé par une armée de 3,000 hommes semblait, au moment où l'expédition eut lieu, une action héroïque et sans égale. Les Portes de Fer durent ainsi au passage de la colonne française une réputation que ne leur aurait peut-être pas donné l'incontestable beauté de leurs rochers abrupts et la profondeur de leurs abîmes. L'inscription suivante : « Armée française, 1839 », gravée sur la paroi rocheuse, perpétue le souvenir de cette action d'éclat.

Au sortir des Biban, les montagnes s'écartent peu à peu, la route descend et serpente le long de leurs flancs, tantôt couverts d'une végétation puissante, tantôt nus et rasés. Le pont jeté sur l'oued Kerma marque la limite des deux provinces ; la route suit le cours de l'oued Mah'rir, qui vient se jeter dans l'oued Sahel, près du Bordj des Beni-Mansour, à 174 kilomètres d'Alger. Le Bordj eut, en 1871, à subir un siège de près de deux mois et ne dut son salut qu'à une colonne de secours qui parvint à le délivrer. De nouvelles constructions ont remplacé les maisons dévastées à cette époque, et, sans être un centre important, le Bordj des Beni-Mansour offre un aspect gai et coquet qui contraste avec le panorama sévère du Djurjura, qu'on admire du haut de sa terrasse. Un peu plus loin, Maillot, Souck-el-Tlelà, Tixiriden, Tachachit étagent leurs maisons et leurs fermes sur la rive gauche du fleuve.

On remonte l'oued Sahel dans une belle mais triste vallée, bornée au nord par les massifs du Djurjura, au sud par les montagnes des Beni-Mansour ; on passe Taourit, fièrement penché au haut d'un pic, Aïn-el-Esnam, Bordj-Bouïra, dominant la rive gauche du Sahel. A partir de là, la route, traversant la plaine du Hamza, s'infléchit brusquement vers le nord, passe par Ben-Haroun et le nouveau village de Thiers avec ses beaux vignobles, en descendant la vallée d'Isser dont elle suit les capricieux méandres, et on arrive à Palestro.

Ce village, entouré de trois côtés par l'Isser, dominé par de hautes montagnes arides et desséchées, est devenu tristement célèbre par le siège qu'y soutinrent les colons, en 1871, contre les Arabes et les Kabyles révoltés. Cernés dans l'église, le presbytère et la maison cantonnière, ayant épuisé leurs vivres et leurs munitions, ils furent obligés de se rendre; la plupart d'entre eux furent massacrés; une cinquantaine, seulement, furent épargnés, et la colonne envoyée au secours de Palestro ne trouva plus, à la place de la riante bourgade, qu'un amas de ruines fumantes. Cette destruction eut un immense retentissement dans la colonie, d'abord à cause de l'horreur qu'elle inspirait, et ensuite parce que cette localité n'est qu'à vingt lieues d'Alger. Une pareille surprise serait actuellement impossible; on a profité de l'enseignement terrible qu'on avait reçu, et une citadelle défend aujourd'hui le village renaissant de ses cendres et qui promet de devenir une ville importante.

La route continue à côtoyer l'Isser; mais, bientôt, on franchit la rivière sur un pont métallique, et on entre dans les gorges de l'Isser, longues d'une demi-lieue environ; le torrent a peine à trouver un passage à travers les parois rocheuses, dont les murs à pic, d'une hauteur immense, semblent se rejoindre à leur sommet. La route est suspendue au dessus de la rivière, taillée en plein roc; l'espace est tellement resserré en un certain endroit qu'il a fallu creuser un tunnel de près de 100 mètres de long, pour frayer un passage à la route. Dans les fentes des roches croissent des lichens, des cactus, des mousses; dans les places où la terre végétale n'est pas enlevée, des arbres au tronc noueux et tourmenté font ressortir plus cruellement la nudité des parois voisines. Ces gorges sauvages sont habitées par des singes, comme celles du Chabet ou celles de la Chiffa. Au sortir du défilé on arrive à Beni-Amran, qui a de splendides plantations d'oliviers, en face des montagnes du Bou-Zegza.

On passe à Souk-el-Hâd, avec sa koubba entourée de palmiers et d'oliviers centenaires, à Ménerville, au col des Beni-Aïcha, qui commande la route de la Mitidja, enfin à Bellefontaine. Bellefontaine est bâtie sur une colline d'où l'on jouit d'une vue splendide : en face de soi, la Mitidja, ressemblant à un océan de verdure, Alger, le Mouzaïa, le Chenoua, le cap Matifou, et enfin, la Méditerranée prolongeant l'horizon à l'infini ; derrière soi, la koubba de Sidi-Merdès, les montagnes des Issers, qu'on vient de quitter, et les cîmes neigeuses du Djurjura.

On franchit les collines qui séparent la vallée de l'Isser de celle de l'oued Corso, on descend à la ferme de l'oued Corso, et on arrive, au bout de 6 kilomètres, à l'Alma, dans la vallée du Bou-Douaou.

Petite ville de 2,500 habitants, l'Alma compte vingt-deux ans d'existence ; un palmier, planté sur la place du nouveau village le jour de sa fondation, en fait aujourd'hui le plus bel ornement. Les terres de l'Alma sont fertiles ; les jardins, les plantations y sont en pleine prospérité, et les Alsaciens-Lorrains qui sont venus s'y établir après nos désastres ont trouvé dans ce sol béni la récompense de leur exil volontaire.

Au sortir de l'Alma, on entre dans la Mitidja, cette plaine féconde et incomparable qui fait à Alger une ceinture toujours verte de jardins plantureux. On passe la Reghaïa avec ses 1 400 hectares de forêts en plein rapport, et sa rivière dont les sources ne tarissent jamais, Rouïba, le pont de l'oued Khamis, et on arrive au Retour-de-la-Chasse, annexe de Rassauta, qui n'est plus qu'à 4 lieues d'Alger.

La Maison-Carrée est un ancien poste turc, autour duquel, depuis 1830 et surtout depuis que les travaux d'assainissement ont rendu la salubrité à ses environs, se sont élevées une série de constructions que peuplent 2,000 habitants. La Maison-Carrée est bâtie au bord de l'oued Harrach, qui sépare le Sahel de la Mitidja.

On comprend sous le nom de Sahel les collines qui règnent le long de la mer et que limitent au sud des plaines plus ou moins étendues. Le Sahel d'Alger est le plus considérable de ces massifs montueux.

La route de terre et la voie ferrée suivent concurremment le cours de l'oued Harrach, jusque près de son embouchure, et se dirigent ensuite à travers des dunes de sable sur Hussein-Dey, faubourg suburbain qui annonce déjà, par ses auberges, ses villas, ses maisons de maraîchers, la grande ville dont 6 kilomètres à peine nous séparent. C'est un endroit charmant et un but de promenade pour les habitants d'Alger, que les tramways amènent rapidement au centre du village. On y a acclimaté l'eucalyptus, dont les plantations de M. Trottier offrent de superbes échantillons.

Au sortir d'Hussein-Dey, on trouve le Jardin du Hamma ou Jardin d'Essai, d'une étendue de 80 hectares. C'est un jardin d'acclimatation, une pépinière et une promenade publique ; il comprend deux parties bien distinctes : une partie plane, divisée en plates-bandes où sont cultivées toutes les variétés des plantes horticoles connues; au midi, séparée de la première par la route d'Aumale, la partie haute, s'étendant sur le flanc de la colline, est plantée de toutes les essences forestières de la colonie et de celles qu'on a pu y acclimater; enfin, on a commencé à annexer au jardin botanique un jardin zoologique d'acclimatation qui rendra d'incontestables services au pays.

En face de l'entrée du jardin est le café des Platanes. « Le café, dit le peintre Fromentin, avec son dôme, ses galeries basses, ses arceaux d'un bon style et ses piliers écrasés, s'abrite au pied d'immenses platanes d'un port, d'une venue, d'une hauteur et d'une ampleur magnifiques. Au delà, et tenant au café, se prolonge par une courbe fort originale une fontaine arabe, c'est-à-dire un long mur dentelé vers le haut, rayé de briques, avec une auge et des robinets primitifs, dont on entend constamment le murmure. »

On arrive à Mustapha-Inférieur, après avoir dépassé la Koubba ou tombeau de Sidi-Mohamed-Abd-er-Rahman-Bou-Kobrin. C'était un marabout qui vivait au commencement du siècle, dans les environs d'Alger; puis il s'établit chez les Beni-Ismaïl, en Kabylie. Quand il mourut, les Algériens voulurent avoir ses cendres; ils envoyèrent chez les Beni-Ismaïl quelques hommes hardis qui violèrent la sépulture du saint et rapportèrent son corps à Alger, où on l'inhuma solennellement au Hamma. Les Beni-Ismaïl s'apprêtaient à venir revendiquer ces restes, les armes à la main, quand, en ouvrant à leur tour le tombeau du marabout, ils y trouvèrent son corps intact. Abd-er-Rahman s'était dédoublé. Dès lors, on adjoignit à son nom celui de Bou-

Kobrin, « *l'homme aux deux tombes* », en souvenir du miracle.

Mustapha-Inférieur renferme l'hôpital civil et une caserne de cavalerie; le champ de manœuvres, qui sert également aux courses de chevaux, est auprès. On remonte jusqu'à l'Agha dont on admirera les oliviers centenaires et sous lesquels, au temps des deys, l'agha rendait la justice, et on arrive à Alger, en laissant à gauche l'usine à gaz et les lavoirs militaires, à droite de belles plantations d'eucalyptus, par la porte de Constantine, après avoir, depuis le champ de manœuvres, passé à travers une file presque ininterrompue de maisons et de jardins qui forment un des faubourgs de la ville.

Alger a été tant de fois décrit par les voyageurs, les savants et les poètes qu'il est aujourd'hui aussi connu que toute autre grande ville française. Il n'est donc pas nécessaire de s'étendre ici outre mesure sur sa description.

Nous en agirons de même dans nos excursions à travers la province d'Alger, dont les sites et les paysages ont été popularisés par la photographie et par divers ouvrages de vulgarisation qui sont présents à toutes les mémoires.

Tout a été dit sur le merveilleux spectacle que présente Alger quand on l'aperçoit du pont du navire qui vous amène de France. On l'a comparé avec raison à un escalier de géants, étageant ses marches monstrueuses depuis la mer jusqu'au pied de la Kasbah, à une carrière de marbre blanc dont les coupures brillent au soleil et dont les blocs éboulés semblent se précipiter du faîte de la colline dans les flots de la Méditerranée.

En approchant du rivage, on distingue les quais immenses qui surplombent la mer, dominés par de vastes magasins voûtés à plusieurs étages, et que des rampes douces relient à la terrasse, bordée d'hôtels et de cafés, qui forme le boulevard de la République. Derrière ces hôtels, la ville monte, escaladant le flanc de la colline jusqu'à la porte de la Kasbah, qui dresse sur le faîte ses tours et ses murailles blanches.

Toute autre est l'impression quand on arrive par la route de Constantine et qu'on a franchi l'enceinte : ici le spectacle n'a rien de magique, et, n'étaient la teinte bleu foncé du ciel et la présence des Arabes, on se croirait volontiers partout ailleurs que dans la capitale de l'Algérie.

Alger est le siège du gouvernement de la colonie : le gouverneur général, l'archevêque, le commmandant du dix-neuvième corps d'armée, le général commandant la division, le directeur général des affaires civiles et financières, le préfet du département y ont leur résidence.

Le dernier recensement a donné comme chiffre de sa population 52,708 habitants, dont 18,216 Français, 16,331 étrangers, 7,098 Juifs et 11,013 Musulmans. On voit que les indigènes s'effacent peu à peu devant les Européens, et la physionomie de la ville reflète bien ce caractère d'envahissement progressif.

Alger a grossièrement la forme d'un triangle, dont les angles nord et sud seraient Bab-el-Oued et Bab-Azzoun, et dont la Kasbah formerait l'angle occidental, élevé de 118 mètres au-dessus du niveau de la mer.

Son climat est un des plus beaux qui soient. Depuis quelques années, la ville et les environs sont devenus

Une rue dans la ville haute à Alger.

une des stations hivernales les plus recherchées. Pau, Nice, Cannes et les autres villes de la Rivière ont vu leur clientèle diminuer au profit d'Alger, et de nombreux malades viennent tous les ans chercher quelque soulagement sur ses rives hospitalières.

Le port, suffisant pour les besoins des Turcs et de leurs corsaires, dut être considérablement agrandi après la conquête définitive des Français. On a construit deux grandes jetées, dont l'une, celle du Nord, a 700 mètres, et l'autre, jetée de l'Est, 1255 mètres de long. Elles circonscrivent un espace de 90 hectares. Des quais larges et commodes, des magasins voûtés sous le boulevard de la République, des docks, un bassin de radoub, la douane, de vastes bâtiments complètent l'aménagement du port, qui est défendu par les musoirs des jetées, par la batterie d'Algefna au milieu de la rade, et par de nombreux bastions.

La ville est entourée d'une enceinte nouvelle qui l'enveloppe du côté de la terre, englobant la partie des anciens remparts turcs qui est encore debout. Les principales portes sont celles de Constantine, fort belle, d'Azzoun, du Sahel, de l'Oued et Valée.

Deux parties distinctes et nettement tranchées se partagent Alger : la ville française, près du port, avec ses larges boulevards, ses rues animées, ses maisons hautes de cinq étages, son bruit, ses tramways, ses omnibus et sa poussière ; et la ville arabe, la ville haute, dont les pentes escarpées mènent à la Kasbah, avec ses rues étroites et tortueuses, ses maisons carrées garnies de terrasses, ses mosquées, son silence et son calme recueilli.

Malheureusement pour le pittoresque, la civilisation

gagne tous les jours du terrain, et la ville mauresque en perd tous les jours.

La place du Gouvernement est le point central de la ville. Ombragée de platanes, décorée de la statue équestre du duc d'Orléans, entourée de cafés et d'hôtels, elle est étrangement vivante, et le touriste assis sur la terrasse du café d'Apollon y peut, en quelques instants, juger de la physionomie de la ville et de la population ; le regard y est frappé par la variété des types et des costumes, par le mélange des races que présente la foule qui se presse sur la place. L'Arabe, fier et majestueux, croise le Juif aux vêtements sordides et crasseux, à la démarche humble et inquiète. Les spahis aux manteaux rouges éclatants coudoient la Mauresque qui passe rapidement, rasant les murs, cachée sous ses voiles épais. Le colon, avec son grand chapeau de paille, l'Européen devenu Algérien toise d'un regard étonné les Anglaises excentriques, en caravane serrée, admirant de confiance et leur *Guide* à la main les merveilles qu'elles regardent à peine ; le fantassin gouailleur, venu récemment de France, fraternise avec un tirailleur indigène, son frère d'armes de demain ; Kabyles et Biskris, Espagnols et Maltais courent à leurs affaires ou à leurs plaisirs.

Aucune ville dans l'univers entier, pas même Constantinople, pas même une seule des fantastiques cités du Nouveau-Monde, ne présente un pareil spectacle, unique en son étrange originalité.

Outre la place du Gouvernement, il faut citer : la place Malakoff, sur laquelle s'élèvent la cathédrale, le palais du gouverneur et l'archevêché ; la place de Chartres, où se tient le marché aux légumes ; la place

Bresson; la place d'Isly, avec la statue de Bugeaud; la place de la Victoire; la place de la Lyre; la place Bal-el-Oued, avec le lycée.

Les rues de la ville basse, bordées de belles maisons, dont beaucoup à arcades, de magasins splendides, de cafés, éclairées au gaz, sillonnées par les omnibus et les fiacres, ressemblent à celles de toute autre ville française. Larges et spacieuses, elles sont souvent rendues très incommodes par les tourbillons de poussière qu'y soulève le vent. Les maisons ont, en général, quatre ou cinq étages, ce qui est un tort. On frémit en pensant au désastre qu'amènerait un tremblement de terre, et on regrette que les architectes modernes n'aient pas suivi les errements des Arabes, dont les maisons courtes et trapues n'ont qu'un étage et s'étayent mutuellement.

Le boulevard de la République longe la mer sur un parcours de 2 kilomètres; il est bordé du côté du port par une balustrade derrière laquelle les oisifs, et ils sont nombreux à Alger, viennent assister à l'arrivée des paquebots et des courriers. Le boulevard du Centaure gravit par des escaliers, coupés de larges paliers, la pente de la colline, depuis la place de la Lyre jusqu'à la porte Neuve.

Les rues de la ville arabe ont conservé en partie leur physionomie primitive; elles forment un véritable labyrinthe, où l'on se perd aussi facilement que dans le fameux jardin de Dédale. Ces ruelles, tortueuses et escarpées, convergent toutes vers la Kasbah; elles sont bordées par des maisons sans fenêtres, aux étages surplombant la chaussée, passent sous des voûtes obscures et présentent un aspect analogue à celui des rues de Constantine. Elles portent les noms les plus hétéroclytes, et la mythologie, l'antiquité romaine, la géographie, la botanique, la zoologie, la politique, l'histoire, les souvenirs de la conquête ont été mis à contribution pour baptiser celles d'entre elles dont on n'a pas brutalement francisé les noms, sans souci de leur orthographe ou de leur signification primitives!

Les maisons, blanchies à la chaux extérieurement, ont des murs unis, sauf la saillie des balcons; elles sont carrées, surmontées d'une terrasse, en un mot construites sur un modèle à peu près uniforme. La porte d'entrée s'ouvre sur un vestibule muni de bancs, où le maître reçoit ses visiteurs; de là on pénètre dans la cour intérieure, souvent dallée de marbre et entourée sur ses quatre côtés d'une galerie, sur laquelle s'ouvrent les cuisines, les salles de bains, les communs; ces galeries en supportent une autre, d'un travail plus fini, ornée d'une balustrade à hauteur d'appui : c'est dans ce premier étage que se trouvent les appartements, communiquant tous avec la galerie et munis de petites fenêtres prenant jour sur la cour; chez les riches, les murs sont ornés de carreaux de faïence ou de tapis; les plafonds sont en bois sculpté et peinturluré. L'ameublement est simple; des nattes et des tapis recouvrent le sol, un divan règne le long des murs et sert de lit la nuit; quelques tabourets incrustés d'ivoire, des coffres ornés de clous, des glaces encadrées d'étain ou d'argent, des lustres en cuivre, en fer blanc ou en cristal, des œufs d'autruche suspendus dans des réseaux multicolores, quelques étagères en bois peint et doré, servant à accrocher les pipes et les armes, complètent l'installation, primitive il est vrai, mais d'un effet général charmant.

La plupart des belles maisons mauresques ont été affectées à des services publics ou à la demeure de fonctionnaires ; le palais du gouverneur général, celui de l'archevêque, la Cour d'assises, la Bibliothèque, le Musée, la direction du Génie sont dans ce cas.

La cathédrale de Saint-Philippe est bâtie sur l'emplacement de l'ancienne mosquée de Hassen ou des Ketchaoua, qui était un des échantillons les plus complets de l'art religieux musulman. Elle n'est ni achevée, ni même convenablement entretenue ; l'escalier qui y conduit est dans un état de délabrement singulier. Telle qu'elle se présente, elle a des formes harmonieuses; l'intérieur en est d'un assez grand effet : des colonnes en marbre, surmontées d'arcades, soutiennent la voûte ; le transept est surmonté d'une coupole, et deux tours carrées, puis octogones à partir de l'entablement, flanquent la façade inachevée.

L'église de Sainte-Croix et l'église Notre-Dame-des-Victoires, qui sont d'anciennes mosquées, l'église Saint-Augustin, toute neuve, n'ont rien de remarquable. Il en est de même du temple protestant, de la chapelle anglicane et de la synagogue.

Alger compte encore vingt et une mosquées. La principale est Djama-Kebir, dont la construction remonte à la fin du xe ou au commencement du xie siècle; elle est construite en bordure de la rue de la Marine, sur laquelle elle présente une galerie de quatorze arcades de 3 mètres d'ouverture, soutenues par des colonnes de marbre blanc et en contrebas du boulevard de la République, qui en a défiguré la perspective. Elle est ornée à l'intérieur de piliers carrés qui soutiennent des toits à angles obtus, sur des arcades dentelées ;

blanchie à la chaux, elle est néanmoins assez obscure, et cette obscurité même y invite au recueillement ; mais elle ne contient rien qui soit réellement artistique.

La mosquée de la Pêcherie, ou Djama-Djedid, a la forme d'une croix grecque ; elle est située également rue de la Marine. La légende prétend qu'elle fut construite par un esclave, et que celui-ci, loin de recevoir la liberté comme prix de son œuvre, fut mis à mort pour avoir eu la hardiesse de donner à une mosquée la forme d'une croix. Elle est surmontée d'une grande coupole ovoïde et de quatre plus petites, et flanquée d'un minaret carré. On y montre un manuscrit inestimable du Koran, envoyé par le sultan à un pacha d'Alger ; chaque page est enjolivée de dessins et d'arabesques qui sont des merveilles, et à côté desquels pâlissent les manuscrits les plus précieux de nos couvents du moyen âge.

Les autres mosquées, Djama-Sidi-Ramdan, Djama-Safir, Djama-Sidi-bou-Gueddour, la Koubba de Sidi-Abd-el-Kader, etc., etc., ne sont vraiment pas dignes d'une ville comme Alger.

Le Théâtre, le Palais de Justice, le Lycée, la Prison sont des édifices modernes répondant bien, par leur style et leur aménagement, aux besoins qu'ils doivent satisfaire.

Le jardin de Marengo, qui étage ses massifs le long de la montagne, est planté de palmiers, de yuccas, de bella-ombra, sous l'ombrage desquels la population vient respirer la brise de la mer ; plusieurs jolis squares rompent la monotonie des constructions modernes dans la basse ville.

La Bibliothèque qui compte 25,000 volumes, le Musée qui s'enrichit tous les jours des dépouilles de toute l'Algérie, l'Académie militaire sont très intéressants et retiendront longtemps le visiteur.

L'eau est amenée à la ville par de nombreux aqueducs, qui ont été reconstruits depuis la conquête; les fontaines publiques, sauf celles de la place de Chartres et celles de la grande mosquée, n'ont rien de monumental.

La ville est défendue par le fort Neuf au nord et par la Kasbah à l'ouest; le fort Bab-Azzoun au sud-est sert de pénitencier militaire, et le fort des Vingt-quatre-Heures a été démoli; on y a retrouvé, dans un saillant, les ossements de Geronimo, Maure devenu chrétien, et qu'Ali-Pacha fit jeter vivant dans une caisse à pisé. Cela se passait le 18 septembre 1567; le squelette du martyr, retrouvé le 27 septembre 1853, fut solennellement inhumé à la cathédrale en 1854. On voit au Musée le moulage de ce squelette, pris par M. Latour dans le bloc même qui, en se solidifiant, garda l'empreinte exacte du malheureux.

Le commerce et l'industrie d'Alger sont presque tout entiers entre les mains des Européens; il n'en peut être autrement. Il existe bien des bazars, tenus par les Juifs et les Maures, mais il faut se défier de leurs marchandises qui viennent plus souvent de France que de Tunis, du Maroc, ou même de l'Algérie. Cependant on trouve encore des tailleurs, des brodeurs, des cordonniers, des cafetiers, des marchands de tabac, des tisseurs, des teinturiers indigènes, dans la ville haute surtout. Autrefois, au contraire, les Algériens se suffisaient à eux-mêmes, et leurs corporations ouvrières, puissamment organisées, régies par des amins, envoyaient sur tous les marchés barbaresques le produit de leur industrie.

Les environs d'Alger sont charmants, et forment autour de la ville un continuel jardin. Les environs immédiats constituent le Sahel d'Alger, dont la colline culminante est le Bou-Zaréa, et qui s'étend au sud jusqu'à la Mitidja. Celle-ci, la plus belle plaine de la colonie, est limitée au nord par les collines du Sahel et par la mer, à l'ouest par l'oued Nador et l'oued Bou-Rkika, au sud par la chaîne du petit Atlas, enfin à l'est par l'oued Boudouaou. Elle est traversée par de nombreux cours d'eau, qui sont, en allant de l'orient à l'occident : l'oued Reraïa, l'oued Khamis, l'oued Harrach et ses affluents, l'oued Djemmâ et l'oued El-Terro, l'oued Chiffa et l'oued Beni-Aza, dont la réunion forme l'oued Mazafran.

Des rivières moins importantes, des marais se rencontrent à chaque pas et font de cette plaine bénie un véritable paradis terrestre.

Le Sahel est très peuplé, et de nombreuses lignes d'omnibus le mettent en communication avec Alger.

La route de Guyotville longe les sinuosités du rivage et a de belles échappées sur la mer ; elle est, du côté de la terre, bordée de roseaux, d'aloës, de cactus, de joncs et d'oliviers, qui font une haie vive et charmante à de nombreux jardins. Elle passe par Saint-Eugène, par la Pointe Pescade, avec son bordj ancien, et le cap Caxine, surmonté d'un phare. Guyotville est devenu un des plus beaux centres de l'Algérie ; on y admirera la grotte du Grand-Rocher, dans laquelle ont été découverts de nombreux objets préhistoriques, et les ruines romaines de Ras-Knater.

Notre-Dame-d'Afrique, église moderne, construite dans un style roman un peu bâtard, produit un effet grandiose, avec son dôme et son clocher carré, quand on la voit depuis la haute mer; elle domine la vallée des Consuls; la montée de la colline est fort ardue.

Le Bou-Zaréa, au nord-ouest d'Alger, le massif le plus élevé du Sahel, a de belles promenades et ménage bien des surprises au touriste.

Un de ses plus jolis sites est le Frais-Vallon, que les rayons du soleil n'atteignent jamais, grâce à l'exiguïté de la coupure de la montagne et au dôme de verdure qui s'étend au-dessus de la tête du promeneur. Un ruisseau murmure gaîment le long de la route. Un peu plus loin est la Koubba de Sidi-Medjber, qui renferme une source ferrugineuse, et où les femmes divorcées sont tenues de faire trois voyages, si elles veulent retrouver un mari.

Le fort de l'Empereur, dont l'explosion précéda en 1830 la reddition d'Alger, et qui sert de prison disciplinaire pour les officiers; El-Biar, avec ses auberges et son couvent de filles repenties, sont sur le chemin de Bou-Zaréa, bâti au haut de la montagne du même nom. On jouit depuis le village d'une vue admirable sur la mer, sur Alger et sur la Mitidja, que limitent au loin les cimes de l'Atlas.

D'El-Biar, par Cheraga, on arrive à Sidi-Ferruch. Cheraga a d'importantes distilleries de plantes odoriférantes que font valoir des colons venus de Grasse et du littoral du Var. A quelques kilomètres du village est le champ de bataille de Staoueli; la victoire que les

Français y remportèrent, le 19 juin 1830, leur ouvrit la route d'Alger.

C'est une plaine fertile, autrefois déserte, mais à laquelle les Trappistes établis à Staouéli ont seuls rendu son ancienne richesse. L'abbaye comprend cent vingt Pères Trappistes, la ferme occupe environ 250 ouvriers; on y cultive la vigne, les céréales, les arbres fruitiers, les plantes odoriférantes. Le couvent est un grand rectangle, qui entoure de ses galeries à deux étages la cour intérieure. Tout y est simple, modeste et réduit au strict nécessaire. L'activité des Trappistes, leur travail opiniâtre, leur persévérance ont rendu de grands services à la région, et la fécondité de la terre les dédommage amplement de leurs misères et de leurs fatigues.

C'est à Sidi-Ferruch, à 9 kilomètres de la Trappe, que débarqua l'armée française le 14 juin 1830; le rivage, alors désert et nu, est devenu le siège d'un petit village qu'habitent des pêcheurs et des maraîchers, et l'emplacement d'un fort majestueux dont les casernements peuvent contenir près de 2,000 hommes. Plus au sud est Zeralda, avec ses forêts plantées sur les dunes, qui sont d'une belle venue et deviendront une nouvelle source de revenus pour le pays. Deli-Ibrahim, Douéra, à la limite sud du Sahel, Bir-Khadem, un peu plus à l'est, sont de jolis villages agricoles en pleine prospérité.

Plus près d'Alger, au sud-est, s'étagent les coteaux de Mustapha-Supérieur, situés dans la meilleure exposition possible. C'est une succession de villas mauresques ou européennes, parmi lesquelles il faut mettre hors de pair le palais d'été du gouverneur, dont les jardins merveilleux dominent la baie jusqu'au cap Matifou ; c'est là aussi que se trouve l'Institut sanitaire du docteur Landowski, chez qui de nombreux phthisiques sont venus chercher un soulagement à leurs maux, et qu'une mort foudroyante a récemment enlevé à l'affection de ses malades et de ses amis.

La colonne élevée au général Voirol se dresse non loin de là.

Koubba, à 9 kilomètres sud d'Alger, est située sur une éminence, que gravit une route bordée de jardins et de villas. La koubba qui lui a donné son nom se voit encore dans le jardin du Grand-Séminaire, non loin de l'église catholique, dont l'immense coupole se dresse au-dessus du village et s'aperçoit de tous les environs.

La route de Constantine traverse une partie du Sahel oriental, qui a été décrite plus haut ; cependant il faut citer encore de ce côté le fort de l'Eau, bâti par Djafar-Pacha sur le bord de la mer en 1581, et autour duquel est venue se grouper une intelligente population de Mahonnais dont les cultures maraîchères sont les plus belles du pays, enfin Rassauta.

Au delà de l'oued Khramis, au nord de la Rassauta, les ruines de Rusgunia couvrent le bord de la mer et s'étendent jusqu'au cap Matifou, que surmonte un beau phare, et d'où Charles-Quint se rembarqua après sa malheureuse expédition d'Alger.

La voie ferrée d'Alger à Oran traverse la Mitidja dans sa plus grande longueur. Pour avoir une idée exacte de cet immense jardin, aux sites enchanteurs, il suffit d'aller en chemin de fer jusqu'à la limite du département ; la plupart des stations de la ligne sont, en effet, les villes principales de la Mitidja et du Tell algérien.

La gare du chemin de fer est établie près du port, en contre-bas du boulevard de la République. La voie ferrée s'écarte d'abord de la route de terre qui mène à Blidah, mais la rejoint au delà de Birkhadem pour ne plus guère s'en écarter ensuite. Les premières villes importantes après les stations suburbaines de l'Agha, d'Hussein-Dey et de la Maison-Carrée, sont Bir-Touta et Bou-Farik.

Médéah.

Bou-Farik était en 1830 l'endroit le plus malsain de la Mitidja; un marais le rendait inhabitable et les fièvres décimaient rapidement la petite garnison, ainsi que les quelques colons qui vivaient au milieu de ces émanations miasmatiques. Cependant Bou-Farik était un marché très fréquenté, où les Arabes venaient échanger le lundi leurs marchandises et leurs bestiaux.

La position de Bou-Farik, au centre de la Mitidja, devait être fortement occupée; on y établit un camp retranché qui devint le noyau de la ville actuelle. Aujourd'hui le terrain drainé, assaini, engraissé par les cadavres de nombreuses générations de colons, n'est plus ce marais pestilentiel d'il y a cinquante ans. Entourée d'une végétation vigoureuse, la ville est réputée une des plus saines de la Mitidja. Elle compte 8,000 habitants, presque tous cultivateurs. Les Arabes des tribus viennent, comme auparavant, tous les lundis, tenir leur marché sur la route de Blidah, et donner à la petite ville une animation extraordinaire.

Le village des Beni-Mered, déjà plus rapproché de l'Atlas, est célèbre par la lutte héroïque du sergent Blandan et de 16 hommes du 26e régiment de ligne contre 300 cavaliers arabes. Ils escortaient le courrier d'Alger et se firent tuer plutôt que de se rendre. Un peloton de chasseurs d'Afrique accourut à leur secours, mais cinq hommes seulement restaient vivants. Ce beau fait d'armes se passait le 11 avril 1841. Un obélisque érigé sur la place des Beni-Mered rappelle le courage et le dévouement de ces glorieux soldats.

Se dirigeant toujours vers le sud-ouest, la voie ferrée atteint Blidah, dont l'approche est annoncée par de véritables forêts d'orangers.

Blidah est située sur l'oued Kebir, à la limite sud de la Mitidja; elle commande une profonde vallée et est protégée du côté du midi par les montagnes du Petit-Atlas, dont les contreforts viennent mourir à ses pieds. De nombreux ruisseaux s'en échappent, arrosant les culturés et les forêts qui garnissent leurs flancs, et viennent enfin alimenter les fontaines de la ville et vivifier ses jardins et ses bois d'orangers.

Ce n'est pas une ville bien ancienne ; elle ne remonte pas à l'époque romaine, mais elle était très prospère sous la domination arabe et sous les pachas turcs. Je me hâte de dire que, malgré les tremblements de terre, dont le dernier, celui de 1867, lui a causé de grands ravages, elle n'a rien perdu de sa prospérité d'autrefois. Elle est, avec ses annexes, peuplée de 13,000 habitants environ.

Entourée d'un mur continu, défendue par le fort Mimich, Blidah possède quelques rues larges et bien aérées et des places spacieuses et ombragées ; l'église Saint-Charles est jolie, l'hôpital et le dépôt de remonte méritent d'être visités.

Le quartier Maure est situé dans la ville haute, mais il n'en reste presque plus rien. Toutefois, ce qu'on admire à Blidah, ce n'est pas la ville, ce sont ses jardins. Plus de 60,000 orangers, citronniers, limonniers l'entourent au nord, comme d'une forêt odorante, qui se charge de fruits d'or à la saison d'été. C'est bien là le Jardin des Hespérides, mais nul dragon farouche n'en garde l'entrée. La récolte des oranges, des cédrats, des citrons est une fête dans le pays, et les temps ne sont pas loin où l'on payait vingt centimes par heure pour en manger tout son saoul.

A l'ouest, c'est un bois d'oliviers, le bois sacré, aux troncs robustes et noueux, au feuillage glauque, abritant sous ses voûtes séculaires de nombreux tombeaux de marabouts.

Des moulins, des minoteries, des fabriques de papier,

Le bois sacré à Blidah.

d'huile et de pâtes alimentaires constituent l'apanage industriel de la charmante cité.

Au sud de la ville se dresse le mont des Beni-Salah, qui élève à 1640 mètres d'altitude son piton majestueux, couronné par la Koubba de Sidi-Abd-el-Kader. Le sentier, souvent incommode et pénible, passe à travers de belles forêts de cèdres, d'oliviers et de chênes; près du sommet est établie une glacière, et du faîte du pic le touriste, en récompense de ses fatigues, jouit d'une vue splendide sur la mer, les cimes de la Grande-Kabylie, les Hauts Plateaux et l'Ouarensenis.

Le chemin de fer, en quittant Blidah, se dirige vers l'ouest, longeant d'assez loin les contreforts de l'Atlas; il traverse la Chiffa sur un pont métallique de quatre arches, et passe Mouzaïaville (8,000 habitants), marché très fréquenté par les tribus des Mouzaïa et des Soumata, et El-Afroun (1,000 habitants).

A partir de cette dernière station, la voie remonte la vallée de l'oued Djer ; il a fallu des travaux d'art considérables pour permettre au chemin de fer de se frayer un passage et d'atteindre l'altitude d'Adelia. Les remblais, les tunnels, les ponts, les viaducs que l'on traverse rendent cette partie de la route extrêmement intéressante, en même temps que la vue dont on est favorisé sur la vallée et les montagnes est d'un charme puissant. A quelques kilomètres de la station de Bou-Medfa (à 91 kilomètres d'Alger) se rencontrent les sources chaudes de Hammam Rir'a, si connues pour leur efficacité; depuis que leur concessionnaire, M. Arlès-Dufour, y a fondé un établissement confortable, elles sont fréquentées pendant toute l'année par de nombreux baigneurs.

Après Bou-Medfa, la voie remonte la vallée du Bou-Halouan, tantôt cachée dans des tranchées, tantôt passant au-dessus de précipices formidables sur des ponts aériens. Les montagnes, perdant leur manteau de verdure, se dénudent peu à peu. On aperçoit Vésoul-Bénian, juché sur son plateau et loin de la gare qui le dessert, et on s'engage dans le long tunnel qui traverse l'Atlas et par lequel le chemin de fer quitte la vallée de l'oued Djer pour entrer dans le bassin du Chelif. A partir d'Adelia, à la sortie du dernier tunnel, on descend dans le ravin de l'oued Souffaï. On a devant les yeux la vallée du Chelif avec l'Ouarensenis qui la domine, et on passe entre deux rangées de montagnes boisées. Affreville est la gare de Miliana, située dans un terrain fertile ; ainsi que Lavarande, cette localité est appelée à un grand avenir.

Avant Duperré, la voie franchit le Chelif. Ce fleuve, le plus grand de l'Algérie, n'a cependant pas 700 kilomètres de long, prenant sa source dans le Djebel-Amour, près de Laghouat, et venant se jeter dans la Méditerranée, près de Mostaganem. Il n'est pas navigable; de plus, ses eaux, peu abondantes, sont bourbeuses ; néanmoins, sa vallée est assez fertile, et elle le deviendra davantage quand on aura exécuté les travaux d'irrigation qu'elle réclame.

Près de Duperré gisent les importantes ruines d'*Oppidum-Novum*, une des stations de la voie romaine qui de la Tingitane allait à Rusuccurus, la moderne Dellys.

Orléansville est à 63 kilomètres de Duperré, à 209 kilomètres d'Alger; de nombreux villages sont situés entre ces deux centres, entre autres Sainte-Monique avec son orphelinat, Saint-Cyprien-des-Attaf avec son hôpital arabe, Carnot, Ponteba, où l'on fabrique de l'eau-de-vie de marc et du vin, etc.

La ville, située au milieu d'un plateau aride, est dominée au sud par de hautes montagnes dont la neige recouvre les sommets une partie de l'année; mais de nombreux jardins, la forêt de pins et de caroubiers qui s'étend au sud-ouest en font comme une oasis au milieu de la campagne environnante et en rendent le séjour plus agréable et plus sain. De nombreux travaux d'irrigation permettront, sous peu, de transformer en jardins les terrains qui l'entourent et contribueront à faire d'Orléansville une importante cité.

Une enceinte bastionnée, percée de six portes, entoure la ville, dont les larges rues sont coupées à angles droits. On a installé les divers services dans des constructions modernes auxquelles on ne saurait donner le nom de monuments. Fondée en 1843 par le maréchal Bugeaud, la ville compte aujourd'hui 3,500 habitants, avec les annexes; elle s'élève sur les ruines de *Castellum Tingitii*.

Malakoff et Charon sont les dernières stations sur le territoire d'Alger.

De la voie ferrée qui traverse le département se détachent, comme d'une chaîne centrale, de nombreuses routes qui conduisent, rayonnant à travers le pays, à presque tous les centres importants de la province; la plupart sont carrossables, bien entretenues, et quelques-unes d'entre elles seront même prochainement doublées d'un embranchement, qui mettra la métropole en communication directe et incessante avec les villes les plus éloignées.

C'est ainsi que d'Orléansville une belle route mène à

Tenès à travers une région brûlée et desséchée d'abord, puis montueuse et verdoyante à partir de l'oued Allela jusqu'à la mer. Elle s'engage avec la rivière dans un défilé étroit et sauvage, mais de peu d'étendue, puis arrive à Montenotte sur la rive gauche de l'Allela. Le pays est accidenté et boisé. Les mines de fer du Djebel-Hadid deviendront plus tard une source de richesse pour la petite ville, qui compte déjà 3,000 habitants. De belles forêts couvrent les flancs des montagnes à travers lesquelles serpente la route. Mais, pour lui frayer un passage, il a fallu tailler ses rampes en plein roc, jusqu'aux portes de Tenès. Avant d'arriver au nouveau Tenès, on laisse, à droite, sur un plateau assez élevé, dont le pied est baigné par l'oued Allela, le vieux Tenès, qui, s'il faut en croire la tradition, était un repaire de voleurs et de bandits. Ses murs, que le temps effrite, abritent une population indigène de 1,000 à 1,200 individus qui se livre au commerce des grains, ou fait à Tenès le métier de portefaix et de manœuvre.

Tenès n'est qu'à un kilomètre de là, bâti sur un promontoire très abrupt à l'est et au nord, et s'infléchissant doucement vers l'ouest et presque de plein pied, au sud, avec la route d'Orléansville. Il occupe l'emplacement de l'ancienne Cartenna, dont les ruines sont intéressantes, surtout les hypogées, qui sont comme une deuxième ville souterraine et s'étendent sous une bonne partie de la cité actuelle. Tenès a été créé par le maréchal Bugeaud pour servir de port à Orléansville et assurer la tranquillité de la région ; il compte aujourd'hui près de 4,000 habitants. Un rempart le protège ; ses rues, bordées d'arbres, sont larges et droites. Les maisons, propres et coquettes, les constructions civiles ou militaires, l'église n'ont aucun caractère. On descend par la porte de Cherchell au port, que de récents travaux ont agrandi et dont ils ont assuré la sécurité.

Dans les environs, pittoresques et accidentés, couverts de forêts et de roches, on trouve les mines de cuivre de Sidi-Bou-Aïssi, les mines de Beni-Aquil d'où l'on retire du cuivre, du plomb et de l'argent, et celles de l'oued Bou-Alou qui renferment également du cuivre et du plomb. Ces mines et les forêts qui les avoisinent donneront, d'année en année, plus d'importance à Tenès, où tous les ans aussi la pêche du corail amène de nombreuses barques. Enfin, un service de paquebots met chaque semaine cette place en communication avec Alger.

Milianah est une des plus charmantes petites villes de l'Algérie; on y arrive par Affreville, où l'on quitte le chemin de fer pour s'engager dans la vallée du Boutan, lequel se précipite de cascades en cascades du haut du Zakkar; le trajet est environ d'une heure et demie, car le chemin fait de nombreux détours, afin de gravir plus commodément la pente de la montagne, à laquelle est suspendue la ville, sur le haut d'un grand massif de rochers. Le mont Zakkar la limite au nord; à l'est elle surplombe le précipice; à l'ouest elle est bordée d'une plaine fertile, et au sud enfin elle domine la vallée du Chelif. Elle servit pendant quelques années de refuge à Abd-el-Kader, mais elle fut prise en 1840, et les Arabes en se retirant l'incendièrent complètement. Pendant deux années, la garnison eut à lutter contre les troupes de l'émir, et ses maisons mal réparées, et qui portaient encore partout la trace du feu, furent témoins de cruelles angoisses et d'héroïques sacrifices. Au mois d'octobre 1840, sur 1,200 hommes commandés par le colonel d'Illens, et qui formaient la garnison de la ville, 400 étaient à l'hôpital, 700 étaient morts, et ceux qui restaient, épuisés, à bout de forces et de courage, voyaient venir avec terreur le moment où ils devraient se rendre, quand le général Changarnier vint les débloquer. Depuis, la petite ville n'a cessé de prospérer, quoique le voisinage d'Affreville, placée dans une région plus facilement accessible, lui fasse perdre une partie de son importance.

Milianah est fortifiée; la muraille, percée de deux portes, qui l'enserre est bâtie sur les fondations de l'ancien mur d'enceinte romain. Quelques rues, bordées de platanes, une place, voilà la ville nouvelle; la ville mauresque comprend trois mosquées et les rares maisons qui ont été préservées de l'incendie allumé par Abd-el-Kader; elles sont construites en pisé, blanchies à la chaux, et couvertes en tuiles.

Depuis l'Esplanade, on jouit d'une vue étendue sur la plaine du Chelif et les cimes de l'Ouarensenis. Le territoire de Milianah est fertile; on y cultive la vigne, et le vin que donne ce cru jouit d'une réputation renommée. De nombreux moulins, qu'alimentent les chutes de l'oued Boutan et de l'oued Rehan, des fermes isolées animent le paysage, et lui donnent une physionomie gaie et riante. L'ascension du Zakkar occidental, qui couronne Milianah, est fatigante; il faut s'élever à 850 mètres au-dessus du rocher qui supporte la ville, mais on est favorisé du haut de la montagne d'une vue tellement admirable sur la plaine du Chelif et sur les massifs montagneux qui bornent la Mitidja, que l'on oublie vite la fatigue et la difficulté de l'excursion.

Le climat, doux en été, est, à cause de son altitude, assez rigoureux en hiver.

Une route carrossable mène à Cherchell en passant par Vesoul-Bénian, station de la voie ferrée d'Oran.

C'est également d'Affreville qu'on part, en se dirigeant vers le sud cette fois, pour aller à Teniet-el-Hàd; peu à peu le terrain s'élève, en longeant l'oued Massin, et traverse des collines plantées de tamarins et couvertes de buissons rabougris. Bientôt ces collines deviennent de véritables montagnes, ombragées de forêts splendides, et dont les formes prennent de plus en plus un caractère majestueux. Les pins d'Alep, les thuyas, les tamarins, les chênes verts se succèdent presque sans interruption jusqu'à Teniet-el-Hàd, et la beauté sévère de ces forêts séculaires, dont le soleil ne perce que difficilement le dôme de verdure, les échappées que l'on saisit parfois au sommet d'un col, ou par l'échancrure d'une vallée latérale, arrachent des cris d'admiration au plus prosaïque et au plus bourgeois des voyageurs. Souvent, le burnous blanc d'un Arabe, le manteau rouge d'un spahis jettent une note éclatante dans le fouillis des verts sombres, pendant que les grelots d'une diligence qui passe au trot de ses vigoureux chevaux lancent dans les airs leurs cliquetis joyeux.

Teniet-el-Hàd a 3,000 habitants; poste militaire considérable, il tire surtout son importance des belles forêts qui l'entourent. Un village nègre, divisé en Tombouctou-Supérieur et en Tombouctou-Inférieur, s'élève à côté du bourg européen. Le climat est modéré, car on est à 1145 mètres au-dessus du niveau de la mer, et les montagnes qui entourent la ville sont couvertes de neige pendant une partie de l'année et donnent naissance à une foule de ruisseaux qui entretiennent à la fois la fraîcheur de la température et la fertilité du sol.

Des forêts de Teniet-el-Hâd la plus belle et la plus célèbre est la forêt des cèdres. L'autre contient des pins d'Alep, des chênes blancs à glands doux, des pistachiers et des frênes. Toutes deux sont parsemées de rochers de grès dont la blancheur contraste d'une manière pittoresque avec leur verdure exubérante.

La forêt de cèdres, qui compte 3,000 hectares et s'étend sur les deux versants du Djebel-Endat, ne contient cependant pas que cette essence : sur un espace de 1,200 hectares environ, elle est boisée également de chênes splendides. Les cèdres atteignent des proportions gigantesques; le plus beau d'entre eux a trois mètres de diamètre, on l'appelle la Sultane. Cette forêt ininterrompue, une des merveilles de l'Algérie, est aménagée avec un soin jaloux, et l'administration veille sur elle avec une incessante sollicitude comme sur un des plus beaux fleurons de sa couronne.

Au milieu jaillissent des sources d'eau minérale, dont le docteur Bertherand évalue le débit à 3,000 litres par minute. Ce sont des eaux ferro-carbonatées, plus richement minéralisées que celles de Bussang, de Forges et de Pougues, presque aussi riches que celles de Kronthal, dans le Nassau, et de la Géronstère de Spa. Il est regrettable que l'on n'ait pas songé déjà à capter et à exploiter ces sources, pour le plus grand bénéfice des habitants de l'Algérie. Beaucoup d'entre eux traversent la Méditerranée et viennent aux stations de la métropole raffermir leur santé compromise par les atteintes du climat, ou les fatigues d'une expédition. Ils trouveraient à moins de frais la guérison dont ils ont besoin aux sources de Teniet-el-Hâd, au milieu de cette végétation imposante, et leur affluence donnerait à la charmante bourgade un accroissement d'importance et de prospérité.

Une route carrossable mène de Milianah à Cherchell, en passant par Marengo ; elle rejoint, à ce beau village, celle d'Alger à Cherchell ; enfin, on peut aller plus directement à ce port en prenant à travers les massifs montagneux, au nord de Milianah, un chemin plus

Femme arabe.

pittoresque, mais aussi plus pénible. La route de Marengo passe par Vesoul-Bénian, station sur la ligne d'Oran.

Marengo, grand et beau village comptant avec ses annexes 4,500 habitants, est situé à l'extrémité occidentale de la Mitidja, à 86 kilomètres d'Alger, à 56 kilomètres de Milianah. On y arrive depuis la capitale par El-Afroun, où l'on quitte le chemin de fer, par Ameur-el-Aïn et par Bou-Rkika, deux jolis villages en pleine prospérité. Un barrage, haut de 17 mètres, retient les eaux de l'oued Meurad et forme dans la vallée, qu'il ferme hermétiquement, un réservoir dont la contenance jauge environ 2,000,000 de mètres cubes. C'est une ressource précieuse pour la culture, qui atteint ici son maximum d'intensité, et l'approvisionnement des fontaines de Marengo est ainsi constamment assuré.

Le lac Halloula, non loin du village, dont l'origine n'est pas très ancienne, s'il en faut en croire les indigènes, a été en partie desséché; mais en 1877 des pluies torrentielles, la crue de l'oued Ameur et de l'oued Djer ont fait remonter le niveau des eaux, et 800 hectares sur 1,500 qu'on avait gagnés à la culture ont été de nouveau submergés. Le lac est situé au pied de la colline que surmonte le Tombeau de la Chrétienne, monument analogue au Medr'asen, près d'Aïn-Yakout, dans la province de Constantine, et dont il sera question plus tard.

Au nord de Marengo se trouve Tefacedt, village de pêcheurs au bord de la mer, près des ruines de Tipasa; il possède un phare de quatrième classe.

Zurich, sur les deux rives de l'oued El-Hachem, est assis dans un pays accidenté et pittoresque. De là, on passe au pied du Djebel-Chenoua, habité par des Kabyles qui y confectionnent ces belles poteries renommées dans toute la colonie et qui ne dépareraient pas les dressoirs des salles à manger parisiennes. La vallée de l'oued El-Hachem est bornée de l'autre côté par les montagnes des Beni-Mansour; on y voit les ruines d'un aqueduc romain, découpant ses arcades majestueuses sur le fond du paysage.

Cherchell, autrefois sous le nom de *Cæsarea*, la capitale de la Mauritanie Césarienne, s'élève au pied d'une colline sur le rivage de la Méditerranée; elle possède un mur d'enceinte, percé de trois portes, mais son seul monument est la Grande Mosquée, métamorphosée en hôpital. Cent colonnes en granit vert antique, provenant des ruines de Cæsarea, soutiennent des arcades en fer à cheval sur lesquelles s'appuie la toiture. Les maisons européennes et les maisons mauresques manquent totalement de caractère.

Le port est petit; il est défendu par un môle fortifié que surmonte un phare à feu fixe.

Les ruines romaines sont importantes, mais on s'en est malheureusement servi pour les constructions locales, et les exigences de la voirie ont, elles aussi, considérablement activé l'œuvre du temps. Cependant, le Musée contient quelques statues, une Vénus Maritime, une Diane, un Faune, etc., des colonnes, des vases et un très riche médaillier.

Novi et Zurich sont deux annexes de Cherchell, qui compte avec elles 7,000 habitants.

Gouraya, à l'ouest de Cherchell, sur la Méditerranée, possède des mines de cuivre importantes et des terres très fertiles qui donnent des récoltes magnifiques.

Pour visiter le Tombeau de la Chrétienne, il faut prendre, depuis Alger, la route de Koléa, en passant par Staouéli, Zeralda et Douaouda. La blanche Koléa consistait autrefois en un amas de maisons n'ayant qu'un simple rez-de-chaussée en pisé, s'enchevêtrant les unes dans les autres; ses rues étroites étaient couvertes de vignes, et un mur d'enceinte entourait la ville. Aujourd'hui, les rues sont larges et baignées par le soleil, le mur d'enceinte a disparu, et il ne reste plus qu'une mosquée. Le Jardin des Zouaves, orangerie et promenade publique qui s'étage sur les ravins de l'Ank-Djemel, est la seule curiosité de Koléa.

Fouka, Chaïba, Castiglione, situés dans les environs, sont de jolis villages. Un genre d'industrie tout particulier occupe les indigènes de Chaïba et ceux qui vivent sur les bords du lac Halloula.

Je veux parler de la pêche aux sangsues, qui foisonnent dans les marécages faisant suite aux marais de l'oued El-Halleug et sur les bords du lac.

Le Tombeau de la Chrétienne (Kbour-er-Roumia) s'élève au sommet d'une colline qui limite au nord le lac Halloula. Ce monument, déjà mentionné par Pomponius Mela, paraît avoir été la sépulture d'une famille royale maure.

C'est un édifice de forme circulaire, haut de 30 mètres, posé sur un soubassement carré de 63 mètres de côté; la base en est ornée de soixante demi-colonnes engagées, hautes de 3 mètres et divisées en quatre parties par quatre portes qui répondent à peu près aux quatre points cardinaux. Ces colonnes supportent une corniche, au-dessus de laquelle trente-trois degrés, hauts chacun de 60 centimètres, s'élèvent en se rétrécissant à chaque assise. Le style du tombeau est donc en tous points semblable à celui du Médr'asen; les deux monuments datent, évidemment, de la même époque. L'intérieur du tombeau, exploré en 1855 et 1856 par M. Berbrugger, en 1865 et 1866 par M. O. Mac Carthy et par M. Berbrugger, contient des galeries, un escalier et des caveaux voûtés, qui ont évidemment servi de sépulture.

Les Arabes, grands chercheurs de trésors, ont essayé à plusieurs reprises de pénétrer dans le monument; une première fois, Salah-Raïs, pacha d'Alger, y envoya une armée de démolisseurs; mais, au dire de la légende, une femme, paraissant subitement au haut du monument, étendit les bras vers le lac, en s'écriant : « Halloula, Halloula! à mon secours! » Des nuées de moustiques vinrent aussitôt s'abattre sur les ouvriers, et les mirent en fuite.

Ce miracle inspira aux Arabes une crainte salutaire; mais, deux siècles plus tard, Baba-Mohammed-ben-Otsman, qui sans doute ne croyait pas aux prodiges surnaturels, fit bombarder à coups de canon et démolir le revêtement oriental du monument. L'entreprise n'eut, du reste, aucun succès.

Nous en avons fini avec la partie orientale de la province d'Alger. Il nous reste à parcourir la partie occidentale, connue sous le nom de Grande-Kabylie, et sa partie centrale et méridionale, qui commence aux limites de la Mitidja, traverse les Hauts-Plateaux et vient se terminer aux oasis de Ouargla et d'El-Goléa.

Le chemin de fer d'Alger à Constantine traverse aujourd'hui une partie de la Kabylie occidentale, et ce n'est pas une des moindres surprises que la civilisation européenne réserve à ce pays encore neuf que celle de ces grosses machines de fer remorquant des convois sans fin, grimpant les pentes abruptes de montagnes dont, jusqu'ici, les chèvres seules et les Kabyles osaient escalader les sentiers vertigineux. A Ménerville, sur la frontière de la Mitidja et de la Kabylie, on laisse à droite la route de Constantine, et on suit la vallée de l'Oued-Isser qui sépare les Isser-Gueraba de la puissante tribu des Flissa. L'Isser a un cours tortueux et des eaux bourbeuses. Près d'Isserville, le bureau arabe de Souk-ed-Djemà offre un grand caractère. Il est entouré d'arcades à ogives, et des tourelles se dressent à ses angles; une koubba que surmonte son dôme un peu écrasé, les arbres qui l'entourent et le paysage sauvage des environs lui font un cadre imposant.

Bordj-Menaïel, qui a cruellement souffert lors de l'insurrection de 1871, commande l'entrée de la Kabylie. Les Turcs y avaient construit un fort, encore debout, dans l'enceinte duquel s'élèvent aujourd'hui l'église, les écoles, la mairie et les bâtiments militaires.

A quelques kilomètres du bordj on a créé, en 1872, un centre important, peuplé d'émigrants Alsaciens-Lorrains. Haussonviller, qui porte le nom du courageux président de la Société de protection des Alsaciens-Lorrains, trop tôt enlevé à l'œuvre qu'il dirigeait avec tant de zèle, a été formé autour du caravansérail où, en 1871, des colons et des ouvriers résistèrent victorieusement aux insurgés, grâce au concours du caïd Omar-ben-Zamoun, resté fidèle avec ses goums. Haussonviller est en pleine prospérité, et les colons ont su donner à leurs concessions l'aspect fleuri et charmant qu'avaient les champs de leur mère patrie.

On suit ensuite la vallée de l'oued Sebaou, qui reçoit de toutes parts de nombreux affluents, qu'alimentent des neiges couronnant le sommet des montagnes, et qui est le fleuve le plus grand de la Grande-Kabylie. On quitte le Sebaou à Takdempt-Touabet, à une lieue de Dellys, après avoir traversé les sites les plus pittoresques. Les montagnes tantôt couvertes de forêts, tantôt nues ou parsemées de touffes de lentisques, de broussailles et de bruyères, les villages kabyles groupés autour d'une koubba ou d'un minaret, les ruisseaux tom-

Maison kabyle.

bant de cascades en cascades jusque dans la vallée, les ravins profonds, des sentiers de chèvres décrivant leurs lacets sur le flanc des montagnes, des groupes de rochers majestueux surplombant la route, tel est à peu près partout l'aspect de la Kabylie.

Le massif du Djurdjura, qui traverse la Grande-Kabylie de l'ouest à l'est, c'est-à-dire de l'oued Isser à Bougie, la partage en deux parties; la moitié septentrionale s'étend jusqu'à la Méditerranée, la moitié méridionale jusqu'aux limites du territoire d'Aumale. L'oued Sahel, qui roule ses flots au pied du Djurdjura, est dominé par le massif dont les deux sommets principaux, Lella-Khredidja et Tamgout, ont 2,308 et 2,066 mètres d'altitude. La crête du Djurdjura est couverte en partie de neiges presque éternelles. De ces sommets abrupts et déserts descendent, le plus souvent en cascades bouillonnantes, jusque dans les vallées profondes qui commencent à leurs pieds, les ruisseaux et les rivières dont l'eau limpide entretient une végétation luxuriante.

Ces vallées sont profondes et déchiquetées, étroites et sinueuses; on n'y sent ni les vents du Nord, ni le souffle ardent des vents du Désert, qui passent au dessus des crêtes du Djurdjura. Le soleil, même dans la saison la plus chaude, ne parvient pas à brûler cette terre, éternellement rafraîchie par l'eau des torrents qui prennent leur source dans la neige des sommets.

Aussi, les vallées semblent-elles bénies et douées d'un printemps perpétuel; les oliviers, les chênes lièges, les chênes doux, les cèdres, les sapins, les figuiers, les caroubiers y forment de véritables oasis, au milieu de ce chaos de rochers, tandis que, à l'abri de leurs puissantes ramures, s'étend un tapis non interrompu d'herbe toujours verte, de lentisques et de bruyères fleuries.

Le Sebaou reçoit presque toutes les eaux de ces vallées, soit directement, soit par ses affluents; il partage la Kabylie septentrionale en deux parties, la partie basse et la partie haute, qui s'étend jusqu'au Djurjura.

Les villages de cette partie haute sont presque tous construits sur des contreforts escarpés, quelquefois juchés au haut d'un piton; ils dominent des précipices ou des pentes abruptes, et leur accès est difficile; les rues sont étroites et enchevêtrées; les maisons, basses et enfumées, sont couvertes en tuiles rouges; bêtes et gens y habitent la même pièce, les maîtres couchant dans une soupente au-dessus de leurs animaux. Quelques-uns de ces villages sont peuplés d'artisans, de forgerons, de bijoutiers, de tisseurs. Les établis, les métiers sont alors dans la chambre même où la famille dort et prend ses repas.

La Mosquée, ou la koubba, et la Djema, ou mairie, se trouvent en général au centre de la ville. Ces villages kabyles sont charmants à voir de loin, éclairés par le soleil qui les fait briller comme un écrin entrouvert; mais quand on les visite, on est frappé de leur aspect sordide et malpropre : on regrette presque alors d'y être venu.

Dans la partie basse, entre le Sebaou et la mer, le pays change de caractère. Les précipices, les ravins perdent de leur grandeur sauvage; les vallées s'élargissent; le fleuve, qui n'est plus encaissé entre des rochers, s'étend librement, et ses eaux en paraissent moins abondantes; les champs de blé et d'orge succèdent aux forêts de cèdres et d'oliviers, et comme pour témoigner de l'adoucissement de ses mœurs, le Kabyle quitte les montagnes pour établir ses villages dans la plaine, au centre de ses cultures, à proximité de ses rivières.

Dellys, sur les bords de la Méditerranée, est la ville la plus importante de la Grande-Kabylie. Elle est construite sur un plateau incliné duquel se détache le cap Bengut, long promontoire qui permet aux navires de mouiller devant la place. Les Carthaginois et les Romains, les Arabes, les Espagnols et les Turcs l'ont tour à tour possédé, et les ruines de Russuccurus montrent que la cité romaine était plus étendue que la cité actuelle. La population de Dellys et de Reybeval, son annexe, est cependant de 11,000 âmes.

La ville arabe occupe la partie haute du plateau, qui a une inclinaison de 75 mètres environ. Les maisons, blanches et souvent à ce point lézardées qu'il a fallu les soutenir avec des poutres ou des arcs-boutants, bordent des ruelles étroites, dont le soleil le plus merveilleux ne peut arriver à cacher l'aspect misérable.

La ville basse est habitée par la colonie française; rien n'attire l'attention sur ses constructions officielles et toujours les mêmes, commodes peut-être, mais sans aucun caractère. Dellys, qui est l'entrepôt et le marché de la Kabylie occidentale, fait un commerce assez important de fruits secs et d'huile. Une muraille la protège, mais l'on ne peut donner le nom de port à l'anse où viennent mouiller les vaisseaux, à l'abri des vents d'ouest et de nord-ouest.

Les jardins sont fort beaux et méritent qu'on les visite; on peut aussi escalader la colline que surmontent le marabout de Sidi-Soussan et les bassins romains, se superposant en étages qui devaient amener à Russuccurus l'eau dont elle avait besoin.

Tizi-Ouzou, Fort-National, Dra-el-Mizan sont trois postes importants, chargés de tenir en respect les populations des montagnes et situés tous trois entre le Sebaou et la crête du Djurdjura.

On quitte à Haussonviller la route de Dellys et l'on arrive au Camp-du-Maréchal, village créé en 1873 pour les Alsaciens-Lorrains sur l'emplacement du camp du maréchal Randon, lors de l'expédition de 1857 ; de l'autre côté du Sebaou, on voit, sur la colline rocheuse, les murs de Bordj-Sebaou, ancienne forteresse turque, maintes fois assiégée par les Kabyles. A 15 kilomètres de là Tizi-Ouzou, au pied du Djebel-Belloua, montre les murailles de son bordj au milieu des arbres et des maisons du village.

Tizi-Ouzou, bâtie par les Turcs, en lutte incessante avec les tribus berbères si remuantes des montagnes, est une citadelle défendue par d'épaisses murailles, qu'on franchit sous un passage voûté ; une citerne et une koubba se trouvent au milieu de la cour. Le fort est placé au sommet du col des Genêts (Tizi-Ouzou), resserré entre deux hautes montagnes. Du haut de la plate-forme, la vue s'étend d'un côté sur la chaîne qui va de Dellys à Bougie, de l'autre sur les contreforts du Djurjura, dont les hautes cimes bornent l'horizon, et, entre les deux massifs, sur la vallée du Sebaou, dont le ruban d'argent serpente au milieu des forêts.

Autour du bordj s'est peu à peu formée une petite ville, qui compte aujourd'hui près de 4,000 habitants.

On est obligé de redescendre ensuite dans la vallée, mais on quitte bientôt l'oued Sebaou pour remonter l'oued Aïssi, son affluent, et la route gravit lentement le massif que couronne Fort-National.

Le Fort-National, anciennement Fort-Napoléon, a été

fondé en 1857 par le maréchal Randon pour tenir en respect les Beni-Iraten et les tribus voisines. C'était le couronnement de la rapide et brillante campagne dirigée à cette époque contre les Kabyles, qui n'ont essayé qu'une fois depuis, en 1871, de secouer la domination française. Fort-National a été construit en cinq mois par le corps expéditionnaire; il se compose d'une enceinte bastionnée, percée de deux portes et englobant 12 hectares de terrains accidentés, au milieu desquels s'élèvent les constructions que nécessite une garnison importante. Des maisons particulières sont venues se grouper autour de ces bâtiments, et bientôt Fort-National, qui est déjà le plus important de nos postes militaires dans la Kabylie, deviendra une petite ville florissante et une colonie prospère.

Une route en partie carrossable relie Fort-National à Drâ-el-Mizan, dans la vallée de l'oued Tamdir'at, un des affluents du Sebaou. La distance est de 70 kilomètres. On passe par Takourt et par Bordj-Borni, petit fort sur la rive gauche de l'oued Ksob, dont il domine la vallée. Drâ-el-Mizan est bâti à 450 mètres d'altitude, au milieu des Neulioza, et surveille la Kabylie occidentale; c'est au centre d'un territoire excellent, où prospèrent la vigne, l'olivier et le figuier, que s'élèvent le camp et le village. Celui-ci comprend une justice de paix, des écoles, une église; la population, pour la commune de plein exercice, est de 1,800 habitants.

Les territoires, très fertiles, qui avoisinent Drâ-el-Mizan ont été distribués aux colons des nouveaux villages créés à Aïn-Zaouïa, Bou-Faïma, à Tizi-Renif, etc.

D'autres routes mènent de Fort National aux Beni-

Mansour, au Tamgout, à Bougie, en passant par des sites merveilleux.

Aumale est située au pied du Djebel-Dira sur les bords de l'oued Lakhal, qu'il domine. L'oued Lakhal est la branche supérieure de la Soummam, qui se jette dans la Méditerranée, à Bougie. Aumale est encore en Kabylie, mais dans la partie méridionale, dans celle qui s'étend au sud du Djurdjura. On y arrive d'Alger par une route commode qui passe à l'Arbâ, à Sidi-Moussa, d'où l'on peut visiter Rovigo avec ses orangers et les bains d'Hammam-Melouan, et à Tablat, sur l'Isser oriental. De là, on arrive par Bir-Rebalou et Les Trembles à Aumale. C'est l'ancienne Auzia, dont les ruines éparses attestent l'importance. La ville moderne compte une population de 4,500 habitants; elle fut fondée pour fermer définitivement aux agitateurs et aux marabouts, qui prêchaient la guerre sainte, le chemin de la Kabylie.

Il n'y a rien à dire des monuments d'Aumale. Le Jardin public, seul, mérite une mention spéciale. Dans les ruines romaines, on a découvert une foule de monuments épigraphiques. S'ils méritent confiance, le climat d'Aumale devait être autrefois très sain, car la plupart de ces inscriptions funéraires se rapportent à des gens d'une longévité extraordinaire, dont le plus vieux est mort à 120 ans. En parcourant la province de Constantine, nous avons déjà relevé des épitaphes pareilles, ce qui prouverait qu'à l'époque romaine l'Algérie tout entière était d'une salubrité prodigieuse.

On peut faire l'ascension du Djebel-Dira, situé au sud de la ville, et dont les crêtes majestueuses s'élèvent au-dessus de belles forêts.

C'est dans les environs d'Aumale, sur le Koudiet-el-Mesdour, colline escarpée, que le bach-agha Mokhrani, chef de l'insurrection de 1871, fut tué dans un combat contre la colonne Cérez.

D'Aumale, une route carrossable mène à Bou-Sada, à travers l'oasis d'Ed-Dis, dont les palmiers annoncent les approches du Désert.

Une autre route conduit, par Berouagaïa, Bor'ar et Teniet-el-Hàd, à Tiharet, dans la province d'Oran. Jusqu'à Berouagaïa, le chemin, difficile, n'est praticable qu'aux mulets; on passe le territoire des Ouled-Ferah, le long du versant nord du Djebel-Dira, des Oulad-ben-Arif, des Oulad-Tan, des Oulad-Ziana, etc., et on arrive à Berouagaïa, village sur l'Isser oriental, qui possède des eaux thermales sulfureuses abondantes et des ruines romaines importantes; ce petit centre est à 67 kilomètres d'Aumale et à 122 kilomètres d'Alger, au sud de l'Atlas. Bor'ar, à 45 kilomètres sud-ouest, est plus important; avant d'y arriver, on passe par Boukhrari ou Boghari. C'est un village d'une physionomie saharienne très accentuée; fondé par des marchands de Laghouat, sur une colline nue et desséchée, le ksar est à 200 mètres au-dessus du Chelif. Autour du caravansérail français, bâti au pied du plateau que couronne le village, se sont groupées de nombreuses habitations. Un marché important s'y tient le lundi, où l'on échange les marchandises du Tell et les produits du Sahara.

Bor'ar ou Boghar, chef-lieu de cercle, domine le Chelif du haut de la pente montagneuse sur laquelle il est construit. On y jouit d'une vue admirable sur le Tell, dont il forme la limite méridionale, et au midi sur les steppes des Hauts-Plateaux, que limitent à l'horizon les massifs du Djebel-Oukeil, du Djebel-Gada et du Djebel-Teberguin. Il mérite bien, sous ce rapport, le surnom de *Balcon du Sud*, que lui ont donné les Algériens dans leur langue naïve et imagée. Bor'ar, qui a 2,000 habitants, se compose d'un fortin et d'un village.

A partir du fort, la route s'engage dans de belles forêts de chênes et de pins, à travers un pays très accidenté, pour monter au col du Gueblia, d'où la vue embrasse au sud les plaines nues de Taguin; puis, le pays se dénude, les arbres deviennent plus rares, et bientôt la route ne présente plus qu'un aspect aride et brûlé. « Route » est beaucoup dire; c'est plutôt un chemin de mulets ou de chèvres, qui mène à Teniet-el-Hâd, le long des crêtes du Djebel-Echéaou, sur l'un des contreforts duquel les ruines de Taza dessinent leur pittoresque profil. Taza a été la résidence favorite d'Abd-el-Kader; c'est là qu'il enfermait ses prisonniers, et qu'il conservait une partie de ses trésors.

Après Teniet-el-Hâd, dont on quitte à regret les splendides forêts, la route redevient praticable aux voitures; elle passe à Aïn-Teukria, toujours le long des montagnes, sur lesquelles, de temps en temps, se détachent une blanche koubba, ou un bordj à la fière silhouette, et que dominent les cimes de l'Ouaransenis; au sud, au contraire, les plateaux désolés, couverts d'une végétation rabougrie, s'étendent à perte de vue; enfin on arrive à Tiharet, dans la province d'Oran.

Il nous reste à parler des oasis du département d'Alger. La route qui y mène passe par les gorges de la Chiffa, par Médéah et Bor'ar.

On prend le chemin de fer à Alger, et, après avoir

traversé une partie de la Mitidja, on le quitte à Chiffa pour prendre la route de voiture. On suit la rive gauche de l'oued Chiffa, et on entre avec la rivière dans cette immense coupure de l'Atlas, dont les sauvages beautés lui ont valu une célébrité universelle. Cette gorge a cinq lieues de long; de chaque côté, les murailles rocheuses se dressent à plus de cent mètres, presque verticales, et surplombent le lit du torrent qui bondit sur les rochers avec un fracas sinistre, qu'augmente encore le bouillonnement des cascades tombant du haut des parois. Quelques mousses, des herbes légères poussent dans les fentes des rochers. Cependant, comme dans le Chabet-el-Akhra, si un peu de terre végétale est restée dans une anfractuosité, dans une fissure de la muraille, des arbres y ont poussé et, se courbant sur l'abîme, l'enveloppent tout à coup d'une ombre mystérieuse. La route tantôt côtoie le torrent, dans le fond de l'étroite coupure, tantôt s'élève le long des rochers sur lesquels la mine a conquis un passage. De nombreux singes peuplent les gorges, mais ils ne sont plus seuls comme au Chabet. Des auberges ont été bâties au fond de ce gouffre, le long de la route, afin de permettre aux excursionnistes venus d'Alger ou de Médéah de se rafraîchir, tout en contemplant le grandiose spectacle de ce chaos. Après l'auberge des Deux-Puits, on aperçoit l'aqueduc à deux rangs d'arceaux qui amène à Médéah les eaux de la montagne.

Médéah est bâtie sur un plateau incliné, auquel sa grande élévation au-dessus du niveau de la mer donne un aspect particulier. On a quitté, il n'y a qu'un instant, les oliviers, les cactus, les aloës, et tout à coup on rencontre des ormes, des saules, des vignobles : c'est la végétation du nord.

Ancien poste romain, ancien chef-lieu du Beylikat du Titeri sous les Turcs, Médéah devint pendant quelques années le boulevard de l'émir Abdel-Kader. C'est, aujourd'hui, une petite ville de 12,000 habitants (avec les annexes), sous-préfecture et chef-lieu d'une subdivision militaire.

Jeunes fillettes de Médéah.

Cinq portes donnent accès dans la ville, à travers une enceinte continue. Il ne reste que peu de vestiges de la ville arabe ; les exigences de la défense, de la colonisation et de l'alignement ont fait raser presque toute l'ancienne Médéah.

Des places spacieuses, les bâtiments imposants de l'administration militaire donnent à la jeune cité un air gai et des plus confortables.

Les environs sont couverts de vignobles produisant un vin déjà estimé. Lodi et Damiette sont les annexes de Médéah. Lodi se groupe au pied du piton du Dakla, le sommet le plus élevé de Djebel-Nador, que couronne un petit édifice cubique surmonté d'une colonnette, signal géodésique qui sert à la triangulation de l'Algérie. Du sommet du Dakla, la vue s'étend au loin sur le Chelif, sur l'Ouaransenis, sur le Zakkar de Milianah, sur le Mouzaïa et sur les steppes qui déroulent, au sud, leurs plaines uniformes.

On doit aussi une visite à Mouzaïa, dont les oliviers sacrés ont été les témoins de luttes sanglantes contre les réguliers d'Abd-el-Kader. Ce petit village, qui est le centre d'une exploitation métallurgique importante, possède une source minérale alcaline et gazeuse analogue à celle de Saint-Galmier.

De Médéah on se dirige vers Berouagaïa à travers des terrains bien cultivés, coupés de forêts ou de plaines couvertes d'asphodèles.

On passe Boukhrari et on entre dans la vallée du Chelif; c'est une plaine raboteuse, brûlée par le soleil, presque luisante à l'œil, sans une herbe, sans un chardon : « Des collines horizontales, qu'on dirait aplaties avec la main ou découpées par une fantaisie étrange en dentelures aiguës, formant crochet comme des cornes tranchantes ou des fers de faux. Au centre, d'étroites vallées, aussi propres, aussi nues qu'une aire à battre le grain ; quelquefois un morne bizarre, encore plus désolé, si c'est possible, avec un bloc informe posé sans adhérence au sommet, comme un aréolithe tombé là sur un amas de silex en fusion; et tout cela, d'un bout à l'autre aussi loin que la vue peut s'étendre, ni rouge, ni tout à fait jaune, ni bistré, mais exactement peau de lion (1). » Tel est l'aspect de cette vallée, et l'on ne saurait croire que ce ruisseau tortueux et encaissé, dont les bords sont aussi nus que le reste du pays, soit ce même Chelif qui, 40 lieues en avant dans l'ouest, devient un beau fleuve dont les eaux bienfaisantes font de ses rives un jardin continuel.

A Aïn-Saba commence la région des Hauts-Plateaux; l'alfa y montre déjà ses grandes touffes, de plus en plus nombreuses jusqu'au Rocher de Sel.

On quitte le Chelif à Bou-R'eroul; on contourne ses vastes marais et on rencontre de vingt en vingt kilomètres environ des caravansérails, tantôt isolés, tantôt entourés de gourbis; à Guelt-es-Stel, on passe entre les deux Zahrez, lacs salés à sec en été, après avoir franchi le Djebel-Oukeit par un col d'où l'œil émerveillé découvre au delà des surfaces miroitantes des Zahrez, où le soleil fait scintiller les paillettes comme des diamants, les plaines du sud dont pas une ondulation, pas un accident de terrain ne rompt la désolante uniformité. Le Rocher de Sel, entouré de tamarins, ou Djebel-Sahari, est un amas de sel gemme et de terrains argilo-gypseux; ces terrains, très friables, se ravivent sous l'influence des conditions atmosphériques, et les eaux souterraines, en dissolvant les couches intérieures, donnent naissance à des effondrements, à des crevasses qui creusent la montagne en tous sens et lui donnent des formes fantastiques.

(1) Fromentin, *Un Été dans le Sahara*.

Le Djebel-Sahari s'exploite à ciel ouvert; les sources salées qui en émergent sont recueillies dans des bassins et soumises à l'évaporation.

Le Rocher de Sel est sur les bords de l'oued Melah, que l'on côtoie jusqu'à Djelfa. Djelfa est à 1167 mètres d'altitude et à 330 kilomètres d'Alger. C'est une commune mixte de 680 habitants, avec une église et une école. Le climat y est froid en hiver; elle est bâtie au pied des derniers contreforts orientaux du Djebel-Senalba, couverts de belles forêts de pin. Le bordj a été construit en 40 jours, par la colonne du général Yussuf, en 1852. Djelfa se trouve au centre des Oulad-Naïl, et près de nombreuses ruines romaines.

Les Oulad-Naïl forment une confédération très forte de tribus s'étendant des Ziban, à l'est, au Djebel-Amour, à l'ouest. Ils font un commerce important avec le Sahara, dont ils apportent sur les marchés du Tell les dattes, les plumes d'autruche et les tissus. Ils ont des troupeaux nombreux, et ils cultivent le sol, partout où l'irrigation est possible. Les femmes filent la laine et tissent des tapis et des burnous; elles sont renommées pour leur beauté et leur coquetterie bien au delà de la province jusqu'au Maroc, à Tunis et à Tripoli.

On franchit après Djelfa le col des caravanes; les eaux maintenant ne coulent plus vers le nord; elles se dirigent vers le sud, où elles vont se perdre dans le sable du désert. A Sidi-Makhlouf, les palmiers entourent la koubba du marabout, surmontée de son dôme en pain de sucre. Le chemin passe à travers des touffes d'alfa et des broussailles dont il faut se défier. Cette région, en effet, est infestée de scorpions, de vipères cornues, de tarentules, de lézards, dont les morsures sont très dangereuses.

Laghouat ou Lar'ouât, chef-lieu d'une commune mixte de 4,000 habitants, est bâtie en amphithéâtre sur deux mamelons du Djebel-Tisgarin, qu'entourent des jardins de palmiers, au nord et au sud. La ville est entourée d'un mur crénelé, percé de cinq portes ; de belles places, des rues larges, de belles constructions en pisé et blanchies à la chaux font de la partie française une région agréable. Le quartier sud-ouest a gardé son caractère arabe. Les rues sont accidentées, bordées de maisons en saillie ou en retrait ; ce sont toujours les mêmes grands murs blancs, les mêmes portes mystérieuses, les mêmes judas étroits que l'on rencontre dans les rues de toutes les villes arabes. Dans l'étroite bande d'ombre que projette d'un côté de la rue la file des maisons, les indigènes dorment ou fument, chassés de chez eux par la chaleur, et quand la bande d'ombre se rétrécit encore, ils se lèvent pour aller ailleurs chercher un peu de fraîcheur que la nuit seule pourra leur donner réellement.

L'oasis de Laghouat possède une végétation luxuriante. A l'ombre des palmiers dressant en l'air leur tronc svelte et gracieux, découpant sur le ciel bleu leur feuillage presque métallique, croissent le figuier, le grenadier, l'oranger, la vigne, le citronnier ; les céréales y réussissent fort bien, et les troupeaux y prospèrent.

Appelée à une grande prospérité, placée d'ailleurs sur la route de Tombouctou, entrepôt naturel des tribus sahariennes, Laghouat n'a qu'à se réjouir de la conquête et ne regrette certainement pas le temps où les Hallaf et les Oulad-Serrin, occupant chacun l'une de ses deux collines, se livraient des luttes cruelles et ensanglantaient ses jardins.

A partir de Laghouat, comme à partir de Tougourt, les villages s'appellent des *ksour*. Tajemout, dont E. Fromentin a donné une si charmante description, Aïn-Madi, El-Assafia, El-Houïtha, Ksar-el-Haïran sont les ksours des environs de Laghouat; ils sont entourés de jardins bâtis sur des hauteurs et ceints d'une muraille, comme tous les villages sahariens.

De nombreuses caravanes parcourent la route qui de Laghouat mène à Ouargla et à El-Goléa. Cette route est parsemée de *daïas*, petits bois plantés de cédrats, de bétoum et de jujubiers. Le pays est plat, le sol sablonneux jusqu'au delà de Tilr'emt, où il devient rocailleux. La daïa de Tilr'emt est assez grande. Une citerne mesurant 10,000 hectolitres est creusée au centre du petit bois, auquel des ravins amènent les eaux de pluie.

On entre sur le territoire des Mozabites ou des Beni-M'zab, originaires de Syrie, et que leurs croyances religieuses finirent, de persécutions en persécutions, par amener dans cet affreux pays, dans ces vallées désertes du M'zab où ils purent enfin vivre en paix. Ces tribus sont, en effet, Ibadites, et comme telles détestées des autres Musulmans. Elles habitent sept ksours, dont le plus important est Ghardaïa, sur la route d'Ouargla. C'est une ville de 21,000 habitants, bâtie au pied des montagnes qui dominent la vallée de l'oued M'zab.

Le pays des Mozabites n'est qu'un vaste réseau de collines rocheuses, nues et désolées; les ravins seuls sont garnis d'une maigre végétation. Les Arabes ont appelé cette région la *Chebka* des Beni-M'zab. Chebka

Bordj près de Toli-Fessart.

veut dire *filet*, et c'est, en effet, à un filet que ressemble cette vaste étendue, filet dont les collines forment les mailles.

Les maisons de Ghardaïa, construites en étages, les unes au-dessus des autres, sont soutenues par des terrasses ; un mur en briques cuites et en pierres en défend les approches. Comme toutes les villes du M'zab, Ghardaïa affecte la forme d'une pyramide, dont une mosquée constitue le couronnement. L'oasis est en pleine voie de prospérité; du reste les Mozabites, actifs et industrieux, bons cultivateurs, se livrent aussi aux travaux manuels et fabriquent eux-mêmes les objets dont ils ont besoin. Ils émigrent dans les villes du Tell, où on les reconnaît à leurs costumes aux raies multicolores et où ils exercent diverses professions, notamment celle de baigneur.

Une plaine aride, occupant le fond d'un ancien lac, précède N'Gouça ; l'oasis, en partie abritée par quelques dunes élevées, compte 75,000 palmiers. La ville est composée de maisons bâties en toûb, à moitié écroulées, lézardées, sur lesquelles le soleil jette une lumière éclatante, mais dont il ne parvient pas à dissimuler l'aspect sordide et misérable. Et cependant la population n'est pas pauvre ; elle cultive des palmiers et des jardins où l'absence de puits artésiens ne permet pas de donner à la culture des arbres fruitiers, du coton, des légumes, toute l'eau dont ils auraient besoin. Les habitants de N'Gouça sont de race nègre.

Une série de dunes, du sable, où les chevaux enfoncent jusqu'au genou, mais où les chameaux passent sans peine, telle est la route qui, sur un parcours de 24 kilomètres, conduit de N'Gouça à Ouargla.

Ouargla, à 800 kilomètres d'Alger, est située au milieu d'une immense forêt de plus de 20,000 palmiers-dattiers ; c'est la capitale de la région. Ses maisons sont bâties en pisé et en pierre à plâtre, revêtues d'un crépissage, et bordent des rues assez larges. Les murs sont ornés de versets du Koran, de dessins bizarres, de faïences incrustées ; les toits sont en terrasse, et souvent l'on y voit, le soir, les femmes y respirer les quelques bouffées d'air frais qui passent sur le Désert. Un rempart, dont les approches ont été rendues plus difficiles encore par d'énormes quartiers de rocs roulés à leur pied, défend la ville contre les attaques du dehors.

La population se compose d'Arabes, qui sont les maîtres du sol, et de nègres ; ceux-ci, presque esclaves, cultivent les jardins de l'oasis pour le compte de leurs maîtres et vivent dans un état de misère digne de pitié.

L'occupation d'El-Goléa, à 200 lieues au sud, a reculé jusque-là l'influence française. El-Goléa est située au haut d'une montagne conique d'une constitution géologique particulière. Des roches argileuses de 2 mètres d'épaisseur environ y alternent avec des roches calcaires de même dimension. Les habitants ont creusé, le long de la route qui serpente autour de la colline, dans la couche argileuse, des habitations, ou plutôt des cavernes qui n'ont d'autre ouverture que l'entrée. Le ksar occupe le haut de la colline ; les maisons y sont en pierre, avec un toit en branches de palmiers. Une muraille assez forte entoure la montagne à la moitié de sa hauteur, englobant dans son enceinte une petite mosquée.

El-Goléa appartient aux Chamba-Mouadhi ; ils se

livrent à la chasse et à l'élève des troupeaux. Habitant le ksar, ils font cultiver les jardins qui l'entourent par des esclaves nègres, dont les misérables habitations sont éparses au pied de la colline.

El-Goléa a reconnu l'autorité de la France, mais son éloignement et son climat ne permettent pas d'y entretenir une garnison. Il a suffi, cependant, de l'occupation momentanée de l'oasis pour faire cesser les razzias des Chamba et des tribus voisines, et pour porter la terreur de nos armes jusqu'à In-Salah, à plus de moitié du chemin de Tombouctou.

PROVINCE D'ORAN

Saint-Denis-du-Sig.— Oran. — Arzeu.— Mostaganem.— Tlemcen.— Sidi-bel-Abbès. — Maskara. — Saïda. Tiharet. — Les Oulad-Sidi-Cheikh.

La voie ferrée d'Alger à Oran, que nous avons parcourue jusqu'à Charon, dernière station de la province d'Alger, suit dans celle d'Oran une direction sensiblement parallèle à la mer jusqu'au grand lac Salé, à partir duquel elle s'infléchit vers le nord pour arriver à Oran.

La région qu'elle parcourt, sur une longueur de 179 kilomètres, est généralement montagneuse jusqu'après Relizan; puis elle traverse la plaine de l'Habra, et, après avoir dépassé rapidement les massifs montagneux qui séparent le lac Salé du lac d'El-Melah, elle entre dans la monotone plaine d'Oran.

Inkermann est la première station importante de la province. Bâti sur les bords de l'oued Riou, au moment où il débouche dans la plaine, au pied de collines à peine boisées, ce centre, chef-lieu d'une commune mixte, compte 9,000 habitants environ; un peu plus au sud se trouve Ammi-Mousa, petit fort fondé en 1840, autour duquel est venue se grouper une population civile assez importante.

Relizan, dans la vallée de la Mina, est une jolie petite ville de 3,800 habitants, à proximité de ruines romaines qui pourraient bien être celles de Mina. Relizan possède une église, des écoles, et son marché du jeudi est très fréquenté par les Arabes.

A partir de la station de l'Oued-Malah, la voie quitte les collines couvertes de broussailles et d'aloès rabougris pour entrer dans la plaine. Elle suit dès lors le pied des montagnes, en passant par-dessus les nombreux oued qui en descendent et se dirigent vers la mer.

Perrégaux (à 76 kilom. d'Oran) a été fondé depuis la conquête. C'est un gros bourg, à rues droites et bien alignées, dont il n'y a rien à dire d'intéressant; il n'en est pas de même de la forêt de l'Habra, qui étend ses ombrages magnifiques sur une étendue de 1,800 hectares, et à la lisière de laquelle les coupoles blanches de ses six marabouts brillent au soleil, au milieu de la verdure qui leur fait un fond mystérieux.

Saint-Denis-du-Sig, sur le Sig, est le centre le plus important de la plaine que fécondent les eaux de cette rivière. Toutes les cultures prospèrent dans ce coin de la terre algérienne; les arbres fruitiers, les céréales, les légumes divers y donnent de fructueuses récoltes, et la région est remplie de fermes, de moulins et d'exploitations agricoles qui présentent l'aspect d'un immense village. La fertilité de la plaine du Sig a été obtenue au moyen d'un barrage, arrêtant la rivière à son débouché dans la plaine et permettant d'amener ses eaux par des canaux d'irrigation partout où le besoin s'en fait sentir. Ce barrage, qui a coûté près d'un demi-million, a été commencé en 1844. Il a remplacé un ancien barrage turc qu'une inondation avait emporté, et dont l'écroulement ruina la plaine qui redevint inculte.

Saint-Denis-du-Sig a la forme d'un quadrilatère, que des rues droites et bien alignées divisent en carrés réguliers comme les cases d'un damier ; son église, en style roman, fait grand honneur à son architecte, M. Viala de Sorbier. Elle ne ressemble nullement à ces constructions sans caractère que l'administration fait d'ordinaire élever dans les centres qu'elle crée.

Le pont du Sig, à une seule arche de 20 mètres d'ouverture, est également un monument remarquable.

Cette charmante petite ville, dont la prospérité s'accroît tous les jours, compte déjà près de 10,000 habitants.

Après la Mare-d'Eau, petit hameau sans importance, commence la forêt de Moulaï-Ismaïl ; elle s'étend sur les massifs montagneux qui du lac Salé se prolongent jusqu'aux Salines d'Arzeu ; elle est peuplée de thuyas, d'oliviers, de sumacs, de pins d'Alep, et occupe une superficie de 12,240 hectares. Le colonel Oudinot y trouva une mort glorieuse, en 1835, en chargeant les Arabes à la tête de ses chasseurs d'Afrique.

Sainte-Barbe-du-Tlélat, Valmy, La Senia, jolis villages entourés de jardins prospères, sont situés le long de la voie ferrée qui passe à travers une plaine fertile, mais monotone, dont un petit lac salé interrompt seul à droite l'uniformité, tandis qu'à gauche on aperçoit au loin les crêtes du Djebel-Mourdjadjo.

Oran, située au fond du golfe qui porte son nom, est bâtie en amphithéâtre sur les versants de deux collines que sépare l'oued Rehhi ; chef-lieu du département et d'une division militaire, siège d'un évêché, elle compte aujourd'hui 46,000 habitants environ, dont 11,000 Français. Elle est donc plus peuplée que Constantine et n'a que 6,000 habitants de moins qu'Alger. Oran doit à l'occupation des Espagnols, à qui elle appartint pendant trois siècles, de 1509 à 1792, une physionomie et un charme particuliers. Elle a conservé, autant que le tremblement de terre de 1790 et les exigences de la civilisation moderne l'ont permis, des maisons espagnoles qui rappellent celles de l'Andalousie et des gracieuses constructions mauresques à côté desquelles les lourdes et massives habitations françaises, à quatre et cinq étages, font assez triste figure.

Le nom d'Oran lui vient du ravin (Ouahran, la coupure) sur les deux versants duquel elle est située. L'oued Rehhi a été en partie recouvert par des boulevards. L'ancienne ville espagnole s'élève sur la rive occidentale de la rivière ; la nouvelle ville étage ses maisons sur la rive orientale, que domine le Château-Neuf.

Les rues, bien percées et bien aérées, les places, larges et spacieuses, sont remplies d'une foule bigarrée, aux éléments ordinaires de laquelle viennent s'ajouter, ici, les Espagnols en costume national et les Juifs marocains, à la longue lévite et au bonnet noir.

Le port, récemment créé à la place de l'ancienne darse mal entretenue par les Espagnols et les Turcs, a été obtenu au moyen de jetées dont la plus grande a 1,000 mètres de long ; il mesure 24 hectares de superficie. Déjà en pleine activité, ce port, par sa proximité avec l'Espagne, se développera de plus en plus et deviendra, pour la ville, une source d'inépuisable richesse. C'est exclusivement un port marchand, car la marine militaire a conservé le port de Mers-el-Kebir à 8 kilomètres nord-ouest. La douane, une manutention, de vastes magasins, des docks, des entrepôts ont été construits sur ses quais, et forment une véritable ville pleine d'une fiévreuse activité.

Une enceinte continue, en partie formée des anciens remparts élevés par le cardinal Ximénès, entoure Oran. Six portes donnent accès dans la ville; il n'y en avait que trois autrefois. Mais les remparts crénelés n'avaient pas paru offrir aux Espagnols une défense suffisante. Sans cesse en guerre avec les Maures et les Turcs, ils durent successivement renforcer l'enceinte de forts capables de tenir en respect un ennemi remuant et entreprenant. Il y en avait douze dont beaucoup subsistent encore aujourd'hui. Les principaux sont : le fort de la Marine, entre la ville et Mers-el-Kebir; le fort Saint-Grégoire, également à l'ouest; le fort de Santa-Cruz, sur le sommet de l'Aïdour, un des pics du Djebel-Mourdjadjo; le fort Saint-Philippe; la Kasbah, qui sert aujourd'hui de caserne; le fort Saint-André, ou Fort Neuf, au sud; enfin le Château-Neuf, à l'est, ancienne résidence des beys d'Oran, que le génie militaire a transformé en caserne et en logements pour le général et les officiers supérieurs.

Oran renferme trois quartiers distincts : la ville française et le quartier de la Marine, près du port; la ville maure, sur le versant est; la ville espagnole, ou la Blanca, sur le versant ouest de l'oued Rehhi. La place d'Armes, la place des Carrières sont dans la ville neuve; la place de l'Hôpital, quoique petite, est la plus grande de la

Blanca; les places d'Orléans et de Nemours sont dans le quartier de la Marine. La place Kléber et la place de la République se trouvent dans le ravin entre la ville neuve et la ville espagnole.

De la promenade de Létang, longue d'un kilomètre, qui contourne le Château-Neuf, on jouit d'une vue admirable sur la vieille ville, le port, le Djebel-Mourdjadjo, sur lequel se détachent les silhouettes des forts, et sur la Méditerranée. Les ombrages y sont touffus, et elle est le lieu de rendez-vous de la société élégante, les jours où les musiques militaires y donnent leurs concerts.

Le boulevard Malakoff est construit sur le ravin de l'oued Rehhi; enfin, le boulevard Oudinot va de la place Kléber à la Kasbah. Les rues sont belles et commodes; ce n'est que dans la Blanca qu'on trouvera encore quelques ruelles à escaliers, gravissant péniblement les flancs de la colline. La plupart sont bordées de maisons modernes, que l'on a élevées jusqu'au quatrième et cinquième étage sans souci d'un tremblement de terre, toujours à craindre dans cette région si cruellement éprouvée en 1790. Les maisons mauresques, carrées, petites, peintes en blanc ou en rouge, n'ont qu'un rez-de-chaussée avec une cour centrale; c'est dans la ville haute qu'il faut les chercher.

Les fontaines publiques, assez nombreuses, n'ont aucun caractère monumental.

La cathédrale Saint-Louis, dans la Blanca, a été reconstruite en 1839; on n'a conservé que l'abside de l'ancienne église espagnole, tombant en ruines. Cet édifice affecte la forme d'un long parallélogramme que deux rangées de piliers, soutenant des arcades en plein-cintre, divisent en trois nefs; l'intérieur du sanctuaire produit un bel effet; la façade, grâce à son double escalier orné de statues, est d'un grand caractère. L'église Saint-André est une ancienne mosquée qui n'a rien de remarquable que son minaret, court et bas. La Grande Mosquée (Djamâ-el-Bacha) est dans la ville neuve. Elle a un minaret très élégant, octogone, qui s'amincit à mesure qu'il s'élève. Des colonnes basses et accouplées supportent l'immense voûte de la mosquée, dont l'intérieur est d'une nudité désespérante. Elle est précédée d'une cour avec une vasque de marbre, et entourée d'un mur semi-circulaire ; on entre dans la cour par une porte de construction moderne, et dont le style pur, les ornements délicats et la corniche finement découpée font sentir plus vivement la pauvreté de la mosquée elle-même. Djamâ-el-Bacha fut élevée par Baba-Hassem, pacha d'Alger, en mémoire de la défaite des Espagnols, avec l'argent provenant du rachat des esclaves chrétiens.

La mosquée de Sidi-el-Hâouri est en partie détournée de son affectation primitive ; on y a installé un magasin de campement. Le minaret seul et la koubba, où repose El-Hâouri, ont été conservés au culte.

Les édifices civils, tels que la Préfecture, la Mairie, le Tribunal, l'Hôtel des Postes, n'ont rien de remarquable; mais il faut faire une exception pour la Banque et pour l'Hôpital civil.

Les faubourgs d'Oran, autrefois en dehors de l'enceinte, font partie de la ville, depuis qu'elle a été agrandie.

Kerguenta, qui est séparé d'Oran par le ravin d'Aïn-Rouina et de beaux jardins, et qui renferme une mosquée, une église, une halle aux grains ; Saint-Michel, qui doit surtout son animation à la gare du chemin de fer d'Alger; Saint-Antoine, sont des faubourgs modernes sans caractère marqué. Il en est autrement du village Nègre ou des Djalis, construit par le général Lamoricière pour débarrasser Oran de tous les étrangers nomades, Nègres, Arabes, Juifs, Biskris, qui campaient sur les glacis ou aux portes de la ville. On avait, en effet, pour dégager la place, été obligé de raser Kerguenta, où vivaient toutes ces populations; il fallait leur donner un nouvel asile, et la création du village des Djalis ou des Étrangers fut décidée.

Les maisons de ce village n'ont qu'un rez-de-chaussée ; elles bordent des rues larges et droites, et leurs habitants se livrent presque tous à l'agriculture.

Il ne faut pas essayer de faire une comparaison entre les environs d'Oran et ceux d'Alger. Les promenades charmantes, les frais ombrages, les beaux jardins qui entourent la capitale de la colonie ne se retrouvent pas ici. La plaine est morne et triste ; incomplètement défrichée, elle présente encore de grands espaces où l'alfa, les lentisques et le chamœrops nain surtout, cette plaie des cultures, règnent sans partage, et où les fermes avec leurs jardins potagers sont autant d'îlots patiemment et laborieusement conquis sur les broussailles environnantes.

Le Camp des Planteurs, forêt de pins d'Alep, plantée il y a vingt-cinq ans ; le vieux cimetière, avec sa tour espagnole, ses cactus et ses cyprès ; le Mourdjadjo, du haut duquel on jouit d'une vue splendide sur Oran, le lac Salé, les montagnes du Tessala et la mer ; le Bain de la Reine et Mers-el-Kebir sont les promenades favorites des Oranais.

La route de Mers-el-Kebir, taillée dans le roc, passant sous un tunnel de 50 mètres, longe la mer dont la protège un parapet. Le Bain de la Reine, situé sur cette route, à 3 kilomètres de la ville, doit son nom à Jeanne, fille d'Isabelle la Catholique, qui vint plusieurs fois réparer sa santé près de ses eaux salutaires. C'est, en effet, une source thermale qui s'échappe du fond d'une grotte, et dont l'eau claire et limpide a une saveur saline très prononcée. Elle est très riche en chlorures de sodium et de magnésium, qui sont les principaux éléments de la minéralisation.

Un établissement de bains a été construit près de cette source. Il est petit, mais, grâce au voisinage d'Oran, il est à présumer que son installation répondra bientôt aux exigences des baigneurs.

Mers-el-Kebir (le Grand Port) fut longtemps le port d'Oran. C'est là que vinrent aborder les Portugais et les Espagnols quand ils résolurent de châtier les pirates barbaresques qui infestaient la Méditerranée; c'est là aussi que s'installa le général Damrémont quand il voulut s'emparer d'Oran.

Mers-el-Kebir a subi constamment les mêmes vicissitudes que sa grande voisine, et tomba avec elle aux mains des Turcs; la conquête française lui rendit l'animation qu'elle avait perdue depuis lors. La petite ville était, en effet, le seul port important de l'Algérie occidentale, et les relations qu'elle entretenait avec la métropole ou les autres ports de la colonie lui donnaient une prospérité considérable. Mais depuis que le port d'Oran est achevé, les quais de Mers-el-Kebir sont déserts, et les vapeurs de France ou d'Alger passent sans s'arrêter devant elle.

Ce n'est plus aujourd'hui qu'un grand port militaire, dominé par une forteresse, au haut d'une pointe que le Djebel-Santon pousse dans la mer; les maisons sont accrochées au flanc ouest de cette pointe rocheuse et présentent un aspect charmant.

Les eaux sont amenées à Mers-el-Kebir au moyen de conduites en maçonnerie, depuis le réservoir de Ras-el-Aïn, au sud d'Oran, qui alimente aussi les fontaines de cette ville.

Dans un rayon plus éloigné on trouve, au nord-ouest, les villages d'Aïn-el-Turk, sur la plage où débarquèrent les Espagnols, en 1732, quand ils vinrent reprendre Oran que les pachas d'Alger leur avaient enlevé en 1708 ; de Bou-Sfeur, au pied du Mourdjadjo ; au sud, Misserguin, près du grand lac Salé, est célèbre par l'orphelinat qu'y fonda l'abbé Abram, dans les bâtiments de l'ancien camp des Spahis. Cette petite colonie, augmentée d'un orphelinat de jeunes filles et d'un asile pour les jeunes filles pauvres, est aujourd'hui dans un état très prospère. Plus de 3,000 habitants sont venus se grouper autour de ces établissements de bienfaisance et se livrent à la culture maraîchère, que l'abondance des eaux rend facile et rémunératrice. La pépinière de l'orphelinat est une véritable forêt en miniature, qui fournit de jeunes plants de toute essence la province entière.

Arzeu-le-Port est à 42 kilomètres nord-est d'Oran. Il en est séparé par le massif montagneux du Djebel-Khar et du Djebel-Orous, au pied desquels passe la route, sur une série de collines à peine dessinées, couvertes de cultures ou de broussailles. De l'autre côté s'étend la plaine de Telamin, parsemée de nombreux et florissants villages. Le centre le plus important que l'on rencontre sur la route est Saint-Cloud, qui compte 2,400 habitants.

Arzeu, qui a remplacé l'antique Portus-Magnus, a été occupé, en 1833, par le général Desmichels. Il est entouré d'une chemise en pierres que coupent les portes d'Oran et de Mostaganem. La ville est moderne, les places sont ombragées, les rues sont larges. L'église et la mairie, sans être des monuments, ont du style et du caractère, le port est large et bien abrité. Il s'y fait un grand mouvement commercial. C'est, en effet, à Arzeu qu'aboutit le chemin de fer qui mène aux Hauts-Plateaux et à Saïda, où l'on récolte l'alfa, dont l'industrie moderne a su tirer un si grand parti.

La rade est protégée par le fort Lapointe, au nord duquel un îlot supporte le phare qui projette sa lumière à neuf milles sur la mer.

Mais le chemin de fer de Saïda n'est pas le seul élément de richesse de la ville. Il faut mentionner aussi les salines d'El-Melah. Le lac d'El-Melah, à 16 kilomètres au sud d'Arzeu, est une nappe d'eau de 4,000 hectares où le sel se cristallise par l'évaporation naturelle; une voie ferrée va bientôt relier les salines au port, et contribuera à le rendre encore plus prospère.

Le Vieil-Arzeu, près du village de Saint-Leu, a des ruines romaines intéressantes. On y admire surtout de belles citernes s'étageant sur la colline et prouvant, par leur nombre, que déjà, à l'époque romaine, l'eau potable manquait à la ville.

Quarante-cinq kilomètres environ séparent Arzeu de Mostaganem. La route suit le bord de la mer, passe à la Makta, sur la rivière du même nom, et à la Stidia, village presque exclusivement allemand, et arrive à Mazagran. Cette petite ville a été rendue à jamais célèbre par le siège qu'y soutint, en 1840, le capitaine Lelièvre, avec 123 zéphirs, contre 2,000 Arabes. Pendant quatre jours, Mustafa-ben-Tami lança ses guerriers contre le réduit en pierres sèches où s'était retranchée la petite garnison; mais il dut se retirer, et la vaillante troupe, cruellement décimée, put enfin quitter son fragile appui.

Une colonne commémorative de ce fait d'armes a été érigée dans l'ancien réduit qu'il a illustré. Elle est d'ordre corinthien et supporte la statue de la France, déployant un drapeau d'une main, et s'appuyant de l'autre sur une épée.

L'église, pour la construction de laquelle on a marié le style gothique au style mauresque, a un clocher carré et un pérystile à arcades, qui lui donnent assez grand air. On y arrive par un escalier monumental, qui augmente l'effet de la façade. Elle a été élevée par souscription nationale, en mémoire de la défense de la ville.

Mazagran, qui a aujourd'hui 1,200 habitants, s'étage en amphithéâtre, en vue de la mer, que l'on domine du haut de la terrasse de l'église.

Dix kilomètres seulement la séparent de Mostaganem, une des plus jolies villes de la province et même de toute l'Algérie, qu'entourent de beaux jardins et des terres bien cultivées. Mostaganem est divisé en deux parties bien distinctes par l'Aïn-Safra; sur la rive orientale s'étend la ville militaire, avec ses casernes, son hôpital, ses magasins; sur la rive occidentale est la ville proprement dite, propre et coquette, qui possède encore dans le quartier du nord quelques rares vestiges de l'ancienne ville arabe. Sa population est de plus de 10,000 âmes.

Un mur d'enceinte continu et crénelé protège les deux quartiers. La place de la République est bordée par les hôtels, les cafés, le théâtre, la mairie et l'église; on remarque encore la place Thiers, la place des Cygnes et la place de l'Hôpital. Les rues sont larges, quelques-unes bordées de maisons à arcades, d'autres plantées d'arbres. Les édifices de Mostaganem n'ont rien de curieux ni de remarquable. C'est toujours le même style officiel et banal que l'on rencontre dans presque tous les bâtiments modernes de l'Algérie.

Mostaganem n'est pas bâtie au bord de la mer. Ce n'est pas à proprement parler un port, et cependant il s'y fait un certain commerce maritime. La douane, l'habitation du commandant de la rade, quelques maisons de pêcheurs, une jetée, un phare, des auberges, tels sont les bâtiments qu'on a élevés sur le bord de la mer et qui peuvent à la rigueur passer pour être le quartier maritime de Mostaganem, quoique celle-ci en soit séparée par une distance d'un kilomètre au moins.

Une route commode conduit de Mostaganem à Mazouna, presque sur la frontière orientale du département, en traversant le Chélif sur un pont monumental et en passant au travers du massif du Dahra, une des régions les plus curieuses et les plus intéressantes de l'Algérie.

Il ne faut pas y chercher des sites grandioses, des ravins escarpés, des gorges mystérieuses.

On n'y trouve pas non plus de grandes villes, ni

même des bourgs importants ; mais les villages y sont nombreux et petits.

Le Dahra tire son originalité de sa configuration même.

Il est situé au nord du Chélif et s'étend depuis le massif du Zakkar, dans la province d'Alger, jusqu'à l'embouchure du fleuve, à cinq milles de Mostaganem. Il est essentiellement constitué par une chaîne de collines qui s'étend en droite ligne de l'ouest à l'est et dont la crête est bien plus rapprochée du fleuve que de la mer ; il s'ensuit que le versant méridional est à peu près de moitié moins large que le versant septentrional. Ces collines sont relativement basses quand on les compare aux autres massifs telliens ; elles ont en moyenne une hauteur de 400 mètres, quoique quelques sommets atteignent 600 mètres, et que le Djebel Mediouna en ait 777. Leur nom vient du mot arabe *Dahr*, qui signifie dos, et qui représente assez bien l'impression générale que produit la vue de ces montagnes. De nombreuses sources jaillissent des flancs de ce massif ; mais elles sont peu abondantes, et le court trajet qu'elles parcourent sur les versants ne permet pas de leur donner le nom de rivières. Les terres sont bonnes et couvrent partout les rochers, qui n'apparaissent nulle part. De belles cultures, des arbres fruitiers en grand nombre, de grandes forêts, des villages ou des marabouts sur les saillants des contreforts, tel est l'aspect que présente le Dahra.

Les forêts forment deux groupes distincts : le premier longe la mer sur une étendue de huit lieues et une largeur moyenne de 3 kilomètres. C'est le plus important ; les genévrières, les chênes verts, les oliviers y forment de beaux massifs, exploités, aménagés par l'administration forestière qui les surveille et les entretient avec intelligence. Le second groupe se trouve sur la crête même des collines; les arbres y sont moins beaux et plus clairsemés.

La principale richesse du pays est la culture du figuier. Cet arbre réussit merveilleusement dans le Dahra et l'exportation des figues atteindrait, d'après les évaluations du bureau arabe de Mostaganem, la valeur d'un million. Les habitants en fournissent, en effet, toute la vallée du Chélif et en vendent même aux Espagnols, qui viennent avec leurs barques légères en chercher sur divers points de la côte (1).

L'olivier réussit également très bien, et de nombreux troupeaux de chèvres, de moutons et de bœufs paissent sur les versants des collines.

La population du Dahra n'est pas homogène; on y trouve des Kabyles, des Arabes, des Marocains et des Koulour'lis. Mais, en général, la race est belle; grands, bien faits, la figure blanche, mais hâlée par le soleil ou le vent de la mer, les habitants du Dahra ont la dignité et la fierté des Arabes des grandes tentes et l'esprit inventif et industrieux des Kabyles.

J'ai dit que leurs villages étaient nombreux, mais petits. Cette circonstance tient à ce que beaucoup d'entre eux vivent sous la tente, et dédaignent un abri plus solide, qu'ils abandonnent volontiers aux femmes.

Les principaux centres sont Aïn-Tedlès, à quelques kilomètres duquel est le beau pont du Chélif, de

(1) Piesse, *Itinéraire de l'Algérie*. Paris, Hachette, 1882.

79 mètres de long, que 4,000 esclaves espagnols construisirent pour les Turcs ; Aïn-Ouïllis, qui a de belles grottes de stalactites ; Bosquet, Cassaigne, dominés par des bordjs, Nekmaria, Renault, enfin Mazouna.

Cette dernière est la seule bourgade importante du pays. Elle a 2,000 habitants et s'étage sur trois mamelons, au milieu d'une mer de verdure ; les minarets élancés de quelques mosquées, les dômes de quelques koubbas s'élèvent au dessus des constructions arabes, qui détachent vigoureusement leurs teintes blanches ou d'un brun-rougeâtre sur le vert foncé des figuiers. Une jolie cascade, formée par le ruisseau qui alimente la petite ville, des sources enfouies sous des arbres centenaires, des jardins soigneusement entretenus, tels sont les environs de cette charmante Mazouna, la capitale du Dahra.

Après Oran, Tlemcen est la principale ville de la province. Au point de vue du pittoresque, c'en est incontestablement la première. L'ancienne capitale du Mar'reb est, en effet, une des cités les plus intéressantes de l'Algérie, et je ne connais que Constantine qui fasse sur le voyageur une impression analogue d'admiration et de pieux recueillement.

Tlemcen est située à 140 kilomètres environ d'Oran. La route, fort belle, longe à partir de Misserguin la rive septentrionale du Grand-Lac-Salé (Sebkhrà) jusqu'à Lourmel, en passant par Bou-Tlelis au pied des monts Ramera que couvrent de belles forêts. Lourmel est à l'extrémité ouest du lac Salé. Ce lac, qui a 32,000 hectares de superficie, est alternativement couvert et découvert par les eaux. Quand les eaux se retirent, le soleil y dessèche le sel qu'elles ont déposé dans le fond et sur les bords du bassin : l'exploitation de cette saline naturelle donne quelques bénéfices; mais quels immenses avantages l'agriculture ne retirerait-elle pas du dessèchement complet du lac, dont les terrains sont excellents et seraient de suite rémunérateurs?

A Er-Rahel on abandonne définitivement les rives de la Sebkhrâ et, après avoir passé par le Chabet-el-Lham, on arrive à Aïn-Temouchent. Le Chabet-el-Lham (défilé de la chair) doit son nom à une défaite des Espagnols en 1543. L'armée que commandait don Martinez et qui devait secourir le sultan de Tlemcen y fut massacrée par les contingents infidèles. La nouvelle de ce désastre fut portée à Oran par treize hommes, les seuls qui aient pu y échapper. Le défilé est couvert aujourd'hui de broussailles et d'arbres rabougris.

Aïn-Temouchent (à 72 kilomètres d'Oran), l'ancienne Timici, a 3,000 habitants; elle est bâtie au milieu d'une plaine fertile, sur un escarpement qui domine le confluent de l'oued Temouchent et de l'oued Sênan. Des ruines romaines entourent la petite ville moderne, qu'un rempart et un fossé protègent de toutes parts.

A partir de ce centre, la route devient accidentée ; on pénètre dans le massif des Médiouna, et il faut gravir et redescendre continuellement des collines élevées, en partie couvertes de chamœrops, du haut desquelles on jouit cependant d'une vue splendide. C'est ainsi que du hameau d'Aïn-Safra on aperçoit au loin Tlemcen, dont on est encore éloigné pourtant de 50 kilomètres. A Aïn-Tekbalet se trouvent les belles carrières d'onyx, dont les marbres translucides, blancs, jaunes, bleus, verts, orange ou roses, ont servi à décorer les palais et les mosquées de Tlemcen.

On franchit l'Isser occidental, qui descend des montagnes au sud-est de Tlemcen, et qui est un affluent de la Tafna, et l'oued Amïeur, à partir duquel la route, cessant ses alternatives de montées et de descentes, gravit en grands lacets les flancs du massif tlemcénien, et bientôt après le relais du Tremble on découvre devant soi la vieille cité avec sa ceinture de tours et ses minarets carrés. Bâtie sur un plateau, à 816 mètres d'altitude, la ville est dominée au sud par les rochers abrupts de Lella-Setti.

Je ne saurais mieux faire, pour donner une idée de l'aspect que présente Tlemcen, que de citer quelques lignes de la remarquable monographie que l'abbé Bargès a publiée sur elle :

« Quand on arrive par le pont de l'Isser et par Saf-Saf, l'œil distingue sur un plateau ménagé aux dernières pentes d'une montagne escarpée l'antique reine du Mar'reb. On la reconnaît facilement à ses blancs minarets, à la couronne de tours et de créneaux qui l'entourent, à ses vieux remparts qui tombent en ruine devant les nouveaux ; d'immenses vergers d'oliviers, une forêt de figuiers, de noyers, de térébinthes et d'autres arbres l'environnent de toutes parts et forment autour d'elle une vaste ceinture de verdure. A chaque pas que l'on fait, le panorama se rétrécit ; les édifices disparaissent et se cachent dans l'ombre. L'on n'aperçoit plus que les créneaux du minaret de la grande mosquée, qui lève encore sa tête au-dessus de cette vaste enceinte, et qu'on serait tenté de prendre pour un vaste nid d'oiseaux perché sur la cime d'un arbre (1) ».

---

(1) Bargès, *Tlemcen*. Paris, Duprat, 1859.

Tlemcen, définitivement réunie à la France en 1842, a été pendant des siècles la capitale d'un puissant empire. Son berceau est à Agadir, la Pomaria des Romains, dont les ruines se voient encore au milieu des jardins à l'orient de la ville. Successivement gouvernée par les Idrissides, les Fatemides, les Almoravides, les Almohades, les Mérinides et les Abd-el-Ouadites, elle fut saccagée, brûlée et pillée presque chaque fois qu'une nouvelle dynastie s'emparait du gouvernement. Ce fut sous les Abd-el-Ouadites qu'elle atteignit l'apogée de sa splendeur. L'autorité du sultan de Tlemcen s'étendait alors sur tout le Mar'reb occidental, c'est-à-dire à peu près sur les provinces actuelles d'Alger et d'Oran. La ville comptait 125,000 habitants ; elle était riche et prospère, et de nombreux et magnifiques monuments en faisaient la merveille de l'Afrique septentrionale. Mais, en 1553, l'empire des Abd-el-Ouadites était bien déchu de sa splendeur passée, et Salah-Raïs, pacha turc d'Alger, s'empara facilement de Tlemcen. Depuis, la ville n'a fait que s'enfoncer plus avant dans la ruine. Dépeuplée par l'émigration, elle a vu presque tous ses monuments tomber, les uns après les autres, sous la main impitoyable du temps ou la rage plus acharnée encore de ses conquérants.

En 1837, Abd-el-Kader en fit sa capitale ; mais il essaya en vain de reformer à son profit l'empire des Almoravides ou des Almohades.

Tlemcen est aujourd'hui le siège d'une subdivision militaire, d'une sous-préfecture, d'un tribunal. Elle a 22,000 habitants, dont 3,000 Français et 2,500 étrangers.

Trois enceintes entourèrent autrefois la ville ; c'étaient

des murs en pisé très dur, coupés de 10 en 10 mètres par des tours carrées. Ces murs s'élevaient sur des ravins assez escarpés et n'étaient réellement d'un accès facile qu'au sud-ouest ; c'était, moins les proportions, une position à peu près semblable à celle de Constantine. Ces remparts circonscrivaient un espace de 64 hectares. Lors de la conquête française, par suite de la décadence de la ville, la moitié de cet espace était couvert de ruines.

Anciens remparts de Tlemcen.

L'enceinte arabe n'existe plus guère qu'au sud. Des nombreuses portes sarrasines deux seulement sont encore debout ; ce sont : Bal-el-Djiad, la porte des coursiers, haute de 9 mètres et surmontée d'une plateforme très curieuse à visiter, et Bab-el-Ziri. Les autres portes sont modernes.

Tlemcen est partagée en trois quartiers qui ont chacun leur physionomie propre : au sud-ouest, la ville moderne avec ses rues bien alignées et ses maisons européennes, empiétant de plus en plus sur le quartier juif; au sud, le Mechouar, l'ancien palais des sultans et des émirs avec ses murailles et sa mosquée; à l'est enfin, les maisons croulantes et les ruines pittoresques qui servent d'habitations à la population arabe et maure.

La place d'Armes, bordée d'arbres, s'étend devant le Mechouar. C'est la plus belle; on remarque encore la place Saint-Michel, la place des Victoires, la place Bugeaud et la place de la République, celle-ci dans le quartier européen. Les rues dans la ville moderne sont larges et bien percées; beaucoup attendent encore les maisons qui devront les border; on a dû éventrer les vieux quartiers pour opérer leur percement. Sans doute bien des richesses architecturales, bien des mosquées intéressantes sont tombées ainsi sous la pioche des démolisseurs; mais, tout en regrettant leur destruction, il faut reconnaître que, dans le quartier juif surtout, ces percements étaient absolument nécessaires.

A côté des rues modernes, bordées de maisons à l'européenne, les nouvelles rues arabes alignent leurs maisons à rez-de-chaussée et leurs petites boutiques noires et basses; les ruelles anciennes sont étroites, anguleuses, souvent voûtées sur une partie de leur parcours, ou recouvertes par des vignes qui y répandent une ombre bienfaisante. Les plus curieuses sont celles du quartier juif; c'est un véritable fouillis de rues et de culs-de-sac sombres et déserts, s'enfonçant brusquement sous des voûtes si basses qu'il faut se courber pour les traverser; les maisons de ce quartier, lézardées, tapissées extérieurement de bouse de vache, percées d'étroites meurtrières, à moitié enfouies sous terre, ont conservé la physionomie farouche et sévère d'autrefois et représentent fidèlement l'image d'un de ces *ghettos* du moyen âge où la tyrannie et la défiance de leurs oppresseurs, fussent-ils chrétiens ou infidèles, parquaient les enfants d'Israël.

A côté de ces échantillons d'une architecture aujourd'hui disparue, miraculeusement échappés à la destruction de la cité, il ne faut chercher que dans les mosquées les spécimens de l'art mauresque. Les divers sièges qu'eut à subir Tlemcen, le pillage et l'incendie qui suivaient chaque fois la prise de la ville n'ont, en effet, guère épargné que les édifices religieux, que leur caractère même préservait de toute atteinte. Les quelques maisons mauresques qui existent encore ressemblent beaucoup à celles d'Alger ou de Constantine. Elles n'ont, en général, qu'un rez-de-chaussée; si elles sont surmontées d'un étage, celui-ci surplombe la rue en s'appuyant sur des poutrelles ou sur des consoles en briques.

Quelques-unes de ces maisons communiquent par des voûtes sous lesquelles s'enfonce la rue; toutes ont des fenêtres étroites et clairsemées, et des portes carrées abritées par un auvent. Elles sont construites en pierres, en briques ou en pisé et couvertes en tuiles; le plus petit nombre en est badigeonné à la chaux à l'extérieur.

La cour intérieure est plantée d'arbres, décorée d'un bassin ou d'une fontaine et entourée d'un cloître à arcades.

Parmi les édifices modernes, l'église est incontestablement le plus beau ; elle est bâtie dans le style roman, et sa tour, surmontée d'une flèche en pierre, a 25 mètres de haut. Elle a remplacé une construction mesquine qui n'était digne ni de sa destination, ni de Tlemcen.

La Sous-Préfecture, la Mairie, la Douane, le Palais de Justice occupent des bâtiments très simples dont le mieux est de ne rien dire.

Les véritables monuments sont les mosquées, car elles seules, ainsi que je l'ai dit, ont survécu à peu près intactes au milieu de l'effondrement progressif de la ville et de l'empire des émirs. Celles qui restent debout, soit qu'elles aient résisté aux outrages du temps, soit qu'elles aient trouvé grâce devant les démolisseurs modernes, attestent l'ancienne splendeur de la cité et commandent l'admiration et le respect.

La grande mosquée (Djama-Kebir) est située sur la place Saint-Michel ; c'est un vaste bâtiment carré de 50 mètres de côté, flanqué d'un minaret rectangulaire de 35 mètres de haut. Ce minaret est orné de colonnettes de marbre et de mosaïques en terre cuite vernissée ; il est surmonté d'une plate-forme, à laquelle on accède par un escalier de 130 marches et d'où on jouit d'une vue merveilleuse sur la ville et le pays qui l'environne. On pénètre dans la mosquée par huit portes, qui s'ouvrent sur une cour dallée en onyx, décorée d'une fontaine aussi en onyx, et bordée par des arcades à l'ouest et à l'est ; le côté nord est borné par l'enceinte de la mosquée, le côté sud est formé par le sanctuaire lui-même, vaste vaisseau dont 72 colonnes surmontées d'arceaux en ogive supportent le plafond ; au-dessus du mihrab se trouve une coupole à jour d'une ornementation très délicate. Des lampes, des lanternes en fer blanc ou en cuivre, des girandoles en cristal de roche sont suspendues aux arcades ; du plafond tombe un énorme lustre en bois de cèdre, recouvert de lames de cuivre, qui a 2 mètres 50 de diamètre, et dont Yar'-moracen, le premier des Abd-el-Ouadites, fit don à la mosquée au milieu du XIIIe siècle.

Djama-Abou'l-Hassen, si insignifiante à l'extérieur, est un petit bijou. De dimensions très restreintes, elle se distingue par la richesse des sculptures qui ornent ses parois, par les colonnes en onyx qui supportent le plafond en bois de cèdre, finement travaillé, et par son petit minaret décoré de mosaïques et de colonnettes. On y a installé une école arabe-française. Djama-Oulad-el-Imam, Djama-Sidi-Brahim sont moins belles ; elles possèdent cependant de jolis morceaux de sculpture, et le minaret de la première, avec ses faïences vernissées, produit un bel effet.

Djama-el-Mechouar n'est plus reconnaissable qu'à son minaret carré. Elle est devenue un magasin militaire, et de la splendide mosquée où venaient s'agenouiller les émirs de Tlemcen il ne reste que les quatre murs.

Djama-Sidi-el-Haloui est située au nord-est et un peu en dehors de la ville. Sidi-el-Haloui était un santon (un saint) dont les prédications impressionnaient la foule, et qui avait le don des miracles ; il était en grande vénération à Tlemcen, et, quand il mourut, en 1305, on l'enterra en grande pompe. Son tombeau, placé sur un petit tertre au-dessus de la mosquée, est ombragé par un karoubier séculaire. La mosquée elle-même a été fondée en 1353, d'après l'inscription qui est gravée sur son portail. Elle est entourée d'arbres et de jardins, du milieu desquels elle surgit, faisant étinceler au soleil ses murailles blanches et ses brillantes mosaïques. Elle est précédée d'une cour entourée d'arcades et munie d'une fontaine. L'intérieur est très riche et d'une délicatesse d'ornementation prodigieuse. Les huit colonnes qui soutiennent les arcades de la travée principale sont en onyx, et leurs chapiteaux sont un des plus merveilleux échantillons de la sculpture ornementale arabe. Le plafond est en bois de cèdre sculpté, le minaret est orné d'arcades et de faïences.

De l'ancien palais des Sultans ou Mechouar (lieu où l'on tient le conseil), au sud de la ville, il ne reste aujourd'hui que la mosquée et l'enceinte crénelée avec ses deux tours. Ce palais, une merveille d'architecture lui-même, renfermait, au dire des historiens arabes, les plus beaux trésors du monde. Les sultans y tenaient une cour fastueuse, à laquelle ils attiraient les savants, les poètes, les artistes.

Ils venaient s'y reposer gaiement des fatigues de leurs expéditions lointaines, au milieu de courtisans qu'attirait de loin leur hospitalité généreuse et princière.

C'était dans ce palais une succession de cours fraîches et ombreuses et de salles splendides, où les colonnes d'onyx supportaient les plafonds dorés, où les murs étaient de marbre et où les riches tentures, les tapis précieux jetaient l'éclat de leurs harmonieux dessins. Deux merveilles de mécanique paraissent surtout avoir frappé l'imagination des historiens arabes : c'était, d'abord, un arbre d'argent sur lequel étaient perchés des oiseaux chanteurs ; sur la cime se trouvait un faucon ; un jeu de soufflets, placé au pied de l'arbre, faisait gazouiller tous ces oiseaux, chacun avec son ramage ; mais quand le vent arrivait au faucon et que celui-ci faisait entendre son cri, tous se taisaient comme saisis de frayeur. Ce chef-d'œuvre appartenait à Abou-Tachfin, qui régna de 1318 à 1337.

Mais l'horloge du Mechouar était peut-être encore plus célèbre. C'était une horloge astronomique compliquée de mécanismes ingénieux ; c'étaient des aigles sortant tout à coup du fond de la caisse, et laissant tomber dans des bassins de cuivre des boules qui sonnaient l'heure ; c'était un serpent grimpant lentement jusqu'à un buisson d'argent où des oiseaux essayaient de défendre leur nid ; c'était, à chaque heure nouvelle, une porte qui s'ouvrait, laissant passer une figurine, en forme d'esclave, qui portait un cahier ouvert où se lisait l'heure ; c'était, enfin, la lune qui tournait dans le sens de la ligne équatoriale, et qui retraçait fidèlement la marche de cette planète.

Il est facile de concevoir combien l'imagination naïve des Arabes dut s'amuser de ces jouets ; mais on est frappé d'admiration quand on songe qu'Ibn-el-Fahham construisit cette horloge en 1358-59, c'est-à-dire deux cents ans avant que Dasypodius n'eût commencé celle de Strasbourg.

S'il fut souvent témoin de scènes joyeuses, de fêtes et de banquets somptueux, ce palais a vu aussi bien des drames sanglants, bien des exécutions sommaires,

La mosquée d'El-Eubbad, près Tlemcen

et ses dalles de marbre ont maintes fois été rougies du sang de ses maîtres.

De toutes ces merveilles, de tous ces trésors et de tous ces crimes il ne reste que le souvenir. Des casernes, un hôpital, une prison, des magasins ont remplacé dans l'enceinte crénelée du Mechouar le palais des Mille et une Nuits où les Abd-el-Ouadites entassaient leurs richesses.

La mosquée elle-même, où ils venaient prier, n'est plus, comme je l'ai dit plus haut, qu'un magasin militaire. C'est au Musée qu'il en faut chercher le dernier vestige ; on y conserve, en effet, une colonne de marbre translucide, haute de 2 m. 18 et ayant 1 m. 50 de tour, et provenant de cette mosquée. Des pierres tumulaires, une borne romaine, des boulets en marbre, tels sont les objets recueillis dans ce Musée. On y voit aussi l'épitaphe sur onyx de Boabdil, le dernier roi de Grenade, mort en exil à Tlemcen en 1494, auquel les splendeurs du Mechouar ne purent faire oublier l'Alhambra et les délices de la Véga.

A l'ouest de la ville est le Saharidj, grand bassin au pied des murailles, de 220 mètres de long sur 150 mètres de large. Sa profondeur est de 3 mètres, et ses murs sont solidement maintenus par des contreforts ; il fut construit par Abou-Tachfin. Était-ce un réservoir d'eau pour la ville ? était-ce une naumachie destinée aux amusements du sultan, comme le pense l'abbé Bargès ? L'histoire est muette là-dessus.

Aujourd'hui, le bassin est à sec ; ses eaux se perdent par une fuite qu'on n'a pu découvrir, et on ne peut dès lors l'utiliser comme réservoir.

Tlemcen est une ville industrielle et commerçante.

Les tanneurs, les cordonniers, les selliers sont nombreux; ils sont tous Arabes. On fabrique encore, dans les masures croulantes de la vieille ville, des tapis et des burnous, des bois de fusil et des bijoux. Enfin, aux alentours de la ville s'élèvent quelques moulins à farine et des huileries qui appartiennent aux indigènes. Mais ces deux industries sont aujourd'hui presque entièrement entre les mains des Européens, qui leur ont imprimé un grand essor.

Autrefois, Tlemcen avait avec les nations chrétiennes des relations commerciales suivies. Celles-ci entretenaient dans la capitale des Abd-el-Ouadites des consuls chargés de protéger leurs nationaux. Les marchands pisans, génois, espagnols ou provençaux étaient établis dans la Kissaïra, sorte de grand bazar qui renfermait les magasins, les logements, les boutiques, des bains, un couvent et une église. Les drapeaux des nations chrétiennes flottaient sur les murs, dont, le soir venu, les portes se refermaient et ne s'ouvraient plus aux indigènes. La Kissaïra se trouve sur la place Bugeaud; on y a installé la caserne des spahis.

Les environs sont charmants; des jardins ombreux, des oliviers, des karoubiers entourent la ville. Beaucoup de ces jardins ceignent les ruines de l'ancienne Agadir, à l'est de la ville, qui est la Tlemcen primitive, sur l'emplacement même de la Pomaria des Romains.

Une même enceinte réunissait Tlemcen et Agadir, qui, premier noyau de la ville, n'en était plus que le faubourg. Les guerres incessantes que les émirs eurent à soutenir diminuaient peu à peu la population de leur capitale; aussi les Tlemcéniens abandonnèrent-ils Agadir pour se concentrer plus fortement dans la ville nouvelle, qu'un mur sépara du faubourg. La conquête turque acheva d'en chasser les rares habitants qui y étaient restés, et dès lors on l'exploita comme une carrière.

Aujourd'hui, au milieu des vergers, qui ont jeté sur ces ruines désolées un manteau de verdure qui en voile la tristesse, il ne reste plus debout qu'un minaret haut de 60 mètres environ, dont quelques pierres couvertes d'inscriptions proviennent de la ville romaine ; la porte de Sidi-Daoudi, élégante arcade autrefois recouverte de faïences émaillées, et un grand réservoir qui fournissait, sans doute, les quartiers méridionaux de la ville de l'eau qui leur manquait.

En face de la porte est le tombeau de Sidi-Daoudi, petite construction carrée, avec des fenêtres grillées, une porte à ogive, et surmontée d'une coupole. De beaux arbres le protègent de leur ombre et lui font, avec le ravin de l'oued Kalà, un cadre imposant et sévère.

Un bois charmant, frais et mystérieux, longe ce ravin ; de nombreuses sources y jaillissent et tombent de cascades en cascades jusqu'à l'oued Kalà. Les arbres y sont beaux, et leur puissante ramure s'étend au-dessus d'une série de blanches koubbas.

Quand le soleil filtre à travers le feuillage, il les allume par places, dore leurs arêtes, fait scintiller leurs dômes et jette au milieu des verts noirs de la forêt comme un ruissellement de diamants.

Ce bois est la promenade favorite des habitants ; aussi l'ont-ils surnommé « *le Bois de Boulogne* ».

El-Eubbad est séparé du Bois de Boulogne par la

Mokbara ou Champ des Morts, que limitent au sud les contreforts du Djebel-Terni. C'est dans cette plaine que, depuis des siècles, les Tlemcéniens vont dormir de l'éternel repos. De nombreuses koubbas, dont beaucoup sont effondrées, se détachent sur les lentisques, les cactus et les karoubiers, au milieu desquels un minaret en ruine dresse sa silhouette élégante et solitaire.

El-Eubbad est suspendu aux flancs de la montagne ; les oliviers, les figuiers, les grenadiers lui forment une haie vive et haute dont le lierre et la vigne sauvage font des massifs presque impénétrables. C'est un paysage d'une richesse merveilleuse et qui semble défier les pinceaux des artistes qui ont essayé de le reproduire. Du temps de la splendeur de sa puissante voisine, ce village était une ville charmante, dont les cinq minarets attestaient la profonde piété. Tlemcen était la cité guerrière, El-Eubbad la cité religieuse. Elles ont eu le même sort, et la même catastrophe les a ruinées toutes deux : mais la splendeur passée d'El-Eubbad lui a laissé des monuments que la piété des Mulsumans a préservés de toute atteinte ; le souvenir de Bou-Medin le protège encore, et l'honneur de posséder le tombeau du saint équivaut pour ce village à un brevet d'immortalité.

Choïab-Ibn-Hussëin-el-Andalosi, surnommé Abou-Medin et connu dans le peuple sous le nom de Sidi-Bou-Medin, est né à Séville vers 1126. Ses parents le destinaient à la carrière des armes, mais il se sentait entraîné vers l'étude, et, après quelques années passées dans les écoles de Fez, il se livra avec ardeur à la prédication et aux bonnes œuvres ; bientôt, la crédulité populaire lui attribua le don de la divination et des miracles. Il fit le voyage de la Mecque et, après avoir professé à Bagdad, à Séville, à Cordoue et à Bougie, Bou-Medin fut appelé à Tlemcen par le sultan Almohade Yakoub, qui désirait le voir et l'interroger. C'était son second voyage à la capitale du Mar'reb occidental. Il mourut en route, en vue de la ville, sur les bords de l'Isser, après avoir, depuis les hauteurs d'Aïn-Tekbalet, aperçu le village d'El-Eubbad et s'être écrié : « Combien ce lieu est propice pour y dormir de l'éter- » nel sommeil ! »

Il avait 75 ans. Ses restes furent, selon son désir, inhumés à El-Eubbad, à côté de ceux d'autres marabouts célèbres, et Mohammed-en-Nasser, successeur de Yakoub, lui fit élever un mausolée splendide, qu'embellirent successivement plusieurs émirs.

La Koubba du saint se trouve au bout d'une cour carrée, entourée d'arcades soutenues par des colonnes en onyx, et dont les murs sont couverts d'inscriptions et de dessins, parmi lesquels on remarque les pantoufles du prophète et le temple de la Mecque ; on y voit encore un puits dont l'eau a la réputation d'opérer des guérisons miraculeuses, et les tombeaux de quelques personnages à qui leur sainteté ou leur naissance ont fait mériter l'honneur d'être enterrés près de Bou-Medin. Le saint lui-même repose au centre de la Koubba, dans une châsse en bois sculpté, que recouvrent des étoffes précieuses et des bannières de soie. Des œufs d'autruche, des lustres, des lanternes tombent du dôme qui couronne le monument, et les vitraux de couleur de ses fenêtres étroites laissent passer une lumière discrète dont les teintes irrisées se reflètent dans les miroirs et se jouent au milieu des arabesques finement sculptées qui couvrent les murs. A côté du marabout repose Sidi-Abd-es-Salam-el-Tounin, son disciple favori.

En face de l'entrée de la cour de la Koubba est le portail de la mosquée, décoré de faïences et de mosaïques, que flanque à droite un minaret entièrement recouvert de faïences, au haut duquel on arrive par un escalier de 92 marches et d'où l'on jouit d'un panorama splendide sur Tlemcen, Négrier, Saf-Saf et les montagnes environnantes; sous le portail, que surmonte une coupole, un escalier de 11 marches conduit à une porte en cèdre massif, décorée de cuivres d'un beau travail.

Cette porte donne accès dans une cour garnie d'arcades et d'une fontaine pour les ablutions; en face se trouve la mosquée, dont les colonnes en onyx, les riches sculptures, le mihrab arrachent des cris d'admiration au plus prosaïque des visiteurs.

Une *medersa*, ou école religieuse, était annexée à la mosquée de Bou-Medin; elle aussi était un bijou d'architecture, mais elle a plus souffert que les autres constructions. Elle est, en effet, adossée contre un rocher, et l'eau qui en suinte constamment a miné les murs et effrité les sculptures.

Tels qu'ils nous ont été conservés depuis six siècles, ces monuments sont un des spécimens les plus purs de l'architecture arabe, et il n'y a que l'Alhambra ou certaines mosquées du Caire qu'on puisse leur comparer.

Il est temps maintenant de dire quelques mots de Mansourah, dont les ruines couvrent une superficie de cent hectares, au delà de la porte de Fez. On y arrive en passant à 500 mètres des ruines sous la porte de Bab-el-Khremis, belle porte à arcade en fer à cheval, de dix mètres de hauteur, construite en briques rouges, et qui fit partie du mur de circonvallation qu'Abou-Yakoub le Mérinide fit élever lors du premier siège de Tlemcen, en 1299.

Porte de Bab-el-Khremis.

Mansourah, distante de la ville de trois kilomètres, fut construite par Abou-Yakoub, pendant qu'il assiégeait Tlemcen, sur l'emplacement même où s'élevait son camp. Ce siège dura presque autant que celui de

Troie. Abou-Yákoub, qui depuis quatre ans campait devant la ville, remplaça ses tentes fragiles par de belles et solides constructions; un mur les entoura, et des palais magnifiques, des jardins fleuris, des mosquées s'élevèrent comme par enchantement. La nouvelle ville devait ruiner sa rivale et l'écraser de ses splendeurs; elle reçut de son fondateur le nom de Mansourah, c'est-à-dire la Victorieuse. Abandonnée en 1306, après la levée du siège, elle fut réoccupée de nouveau par les Mérinides, en 1313, quand Abou'l Hassan revint assiéger Tlemcen et qu'après la prise de la ville il s'y fit construire un palais.

Mais quand les Abd-el-Ouadites eurent reconquis leur capitale, Mansourah fut condamnée sans retour, et, aujourd'hui, il ne reste plus de ses merveilles qu'une partie de son enceinte et le minaret éventré, haut de 40 mètres, de sa mosquée.

La mosquée elle-même, le palais du sultan ne sont plus qu'un amas de ruines informes.

Un petit village français s'est élevé au point culminant de ces ruines; mais il aura fort à faire s'il veut approcher jamais, ne fût-ce que de loin, de la prospérité de Mansourah.

Rachgoun est appelée à devenir le port de Tlemcen; on a étudié le tracé du chemin de fer qui doit relier les deux villes, et son ouverture sera pour toutes deux, pour Tlemcen surtout, un incontestable bienfait. Rachgoun est située près de l'embouchure de la Tafna, petite rivière qui coule sur les confins du Maroc et dont l'oued Isser est l'affluent le plus considérable. Soixante kilomètres seulement séparent Rachgoun de Tlemcen.

La route, après avoir traversé le plateau ondulé au bout duquel s'élève la ville, dominée par les rochers de Lella-Setti, longe la Tafna, à partir de Remchi, dans un ravin sauvage et pittoresque, long de deux kilomètres, après lequel la vallée s'élargit; mais elle se resserre de nouveau à la Plâtrière, mamelon nu et désolé, dont les assises gypteuses sont exploitées par l'industrie.

Rachgoun n'est encore qu'une localité peu importante, qui tire son nom de l'île placée en face de l'embouchure de la Tafna; des ruines mauresques attestent l'importance de l'ancien établissement d'Archgoul. Un phare s'élève sur un des rochers de l'île, et on y a construit quelques magasins.

Dans le voisinage se trouvent les importantes mines de fer des Beni-Saf, siège d'un village de 1,100 habitants.

Une route carrossable mène de Tlemcen à Nemours; elle se dirige par Hanaïa, jolie petite ville de 2,000 habitants, aux rues ombreuses, située au milieu de riches cultures sur Lella-Mar'nia; des caravansérails, de charmants marabouts entourés d'arbres bordent le chemin qui traverse un pays fertile, mais raviné.

Lella-Mar'nia, l'ancienne Tyr, fut bâtie par les Phéniciens, puis occupée par les Romains; les Arabes y enterrèrent Lella-Mar'nia, sainte femme aussi renommée pour ses vertus que par sa beauté, et que les marabouts les plus célèbres regardaient comme une envoyée de Dieu. Sa Koubba, toujours debout, est un lieu de pèlerinage. Ses enfants ont pris son nom, abandonnant celui de leur père; ses descendants s'appellent encore les Oulad-Mar'nia.

La petite ville, qui s'élève sur les bords de l'oued Ouerdefou, au milieu d'une vaste plaine, compte aujourd'hui 11,000 habitants avec son annexe de R'ar-Rouban; elle est protégée par un camp retranché, muni de fossés, de murs crénelés et de bastions, et renfermant les casernes et les magasins.

Le marché est très fréquenté par les indigènes et par les Marocains, dont la première ville, Ouchda, n'est qu'à 4 kilomètres de R'ar-Rouban.

De là, la route passe à Nédroma, en traversant une région accidentée, où les ravins, les gorges, les forêts se succèdent sans jamais fatiguer l'attention. Le caravansérail d'Aïn-Tolba est adossé à la montagne de Bab-Taza, dont la route parcourt le sommet et d'où on jouit d'un panorama splendide sur Nédroma, sur les montagnes qui, à l'est et à l'ouest, étagent leurs crêtes élevées, et sur la mer enfin, qu'on voit miroiter au nord.

La route redescend rapidement, et on arrive à Nédroma, bâtie au pied du Bab-Taza, comme Tlemcen l'est au pied des rochers de Lella-Setti. Entourée de vergers et de jardins, ceinte d'une muraille crénelée, garnie de tours, elle est la fidèle réduction de son ancienne capitale. Si l'aspect général en est charmant, l'intérieur malheureusement est infect. Les rues, étroites et tortueuses, sont couvertes d'immondices; les maisons sont sales et crevassées. Une eau saumâtre et croupie étale ses flaques puantes à tous les carrefours; les habitants, enfin, sont plus malpropres encore qu'ailleurs. Le seul monument de la ville est la mosquée, dont le minaret est délicatement sculpté, mais défiguré par des couches successives de peinture à la chaux.

On se hâte de quitter la ville, et on traverse la fertile plaine du Messaourou, dont les belles cultures et les arbres reposent la vue qu'avaient offensée les cloaques de Nédroma. Vingt-quatre kilomètres séparent encore le voyageur de Nemours; il y arrive après avoir passé par les gorges de l'oued Tleta, et longé les beaux potagers qui entourent la ville.

Nemours est une ville moderne, bâtie pour servir de point de ravitaillement aux colonnes expéditionnaires.

Elle compte 2,000 habitants, dont 600 Français.

Elle est défendue par une enceinte, et la plage a été garnie de quais. Deux rues parallèles à la mer, quelques rues transversales, deux places, voilà la ville. Elle n'a d'autres monuments qu'une fontaine en marbre et son église, d'un style roman un peu modifié. Elle est l'œuvre d'un architecte de talent, Viala de Sorbier, auquel on doit presque toutes les constructions modernes un peu élégantes de la province.

Nemours s'élève au pied occidental du Djama-R'azaouat, qui dresse au-dessus d'un rocher presque inaccessible la silhouette fantastique de ses ruines. Djama-R'azaouat (la mosquée des pirates) était un repaire de bandits et d'écumeurs de mer. Quelques ruines amoncelées, des mosquées dont chaque jour complète la destruction, un pan de mur et deux tours, grosses et carrées, voilà tout ce qui reste de R'azaouat, qui au temps de la splendeur de Tlemcen était une cité importante à laquelle sa position escarpée donnait une haute valeur stratégique.

A 10 kilomètres sud-ouest de la ville se trouve le tombeau de Sidi-Brahim, monument modeste, mais illustré par la défense désespérée qu'y fit une poignée de braves, en 1845, contre les contingents arabes; quatorze hommes seulement purent échapper à cette boucherie. C'est là aussi qu'en 1847 Abd-el-Kader, repoussé du Maroc, enserré dans un cercle de fer, dut remettre au général de Lamoricière sa vaillante épée. C'est là que se joua le dernier acte de ce drame sanglant qui nous avait coûté tant d'hommes et tant de millions, mais qui nous valut une inestimable colonie. Abd-el-Kader fut conduit à Nemours, et de là en France, où il fut interné à l'île Sainte-Marguerite, puis à Pau et à Amboise.

Le duc d'Aumale lui avait pourtant promis qu'il serait conduit hors de l'Algérie, dans une localité qu'il désignerait. Ce n'est qu'en 1852 que Napoléon III, dégageant la parole du fils du roi Louis-Philippe, lui permit de se retirer à Brousse et de là en Syrie. L'émir sut reconnaître dignement la mesure clémente dont il avait été l'objet en défendant, les armes à la main, les populations chrétiennes lors des massacres de Deïr-el-Kamar.

Sebdou est au sud de Tlemcen, dont elle est distante de 42 kilomètres; la route grimpe le long des montagnes qui dominent la ville jusqu'à la Roche-Percée, à partir de laquelle on pénètre dans la plaine de Terni. Ce plateau est couvert de broussailles, de pâturages, de bouquets de chênes verts; son altitude est de 1300 mètres; on y rencontre le hameau de Terni et le caravansérail d'Aïn-R'araba. De beaux chênes, verts et blancs, rompent l'uniformité de cette région; c'est là que sont les sources de la Tafna, qui sort en bouillonnant d'une caverne rocheuse et va former un peu plus loin une superbe cascade.

Puis la route descend jusqu'à Sebdou, située dans une plaine assez étendue, couverte de forêts de chênes verts. Le climat est froid en hiver, fiévreux et malsain en été. Sebdou a une double muraille qui protège les établissements militaires; les maisons des colons se succèdent le long de la route. On y a élevé des écoles, une mosquée, une église; elle est le chef-lieu d'une commune mixte de 23,000 habitants et d'un cercle militaire.

La plaine de Sebdou est bornée au nord par les Douze-Apôtres, douze collines calcaires de même forme, et placées sur la même ligne.

Sidi-bel-Abbès, un des principaux centres de la province, est relié à Oran par un chemin de fer et à Tlemcen par une belle route, qui se dirige ensuite par Maskara sur Tiharet. C'est à ce point que vient aboutir aussi la route qui part de Sebdou, passe par Daïa, Saïda et Frenda, et longe les derniers contreforts du bourrelet tellien qui limitent la région des Hauts-Plateaux. C'est sur El-Eubbad qu'il faut se diriger quand on quitte Tlemcen pour aller à Sidi-bel-Abbès; on admirera en passant les belles cascades du Saf-Saf à El-Ourit.

Du haut de rochers disposés circulairement la rivière se précipite, par une série de cascades, en nappes majestueuses jusqu'au fond du cirque; les murailles intérieures sont couvertes d'une végétation luxuriante derrière laquelle on aperçoit les chutes comme à travers un voile; vers le bas des rochers, des feuillages touffus tamisent pour ainsi dire les masses d'eau et les font retomber dans le bassin inférieur en une poussière fine et ténue qui s'irrise au soleil de toutes les couleurs du prisme et semble une poussière de diamant.

Toutes les merveilles de la nature paraissent réunies dans ce coin pittoresque des environs de Tlemcen. Près d'Aïn-Fezzan, à deux lieues de El-Eubbad, se trouvent les grottes des Hal-el-Oued, où l'on pénètre par un couloir assez bas, et dont les salles avec leurs stalactites et leurs stalagmites présentent un aspect saisissant. Quand on les voit éclairées à la lumière des torches ou du magnésium, on se croit transporté dans un de ces palais fantastiques qu'a entrevus l'imagination des poètes et dont les apothéoses de nos féeries ne peuvent donner qu'une faible idée.

On arrive à Lamoricière en suivant les lacets de la route, et en gravissant des collines tantôt nues, tantôt boisées, du haut desquelles on jouit d'un beau panorama. Près de Lamoricière sont les ruines romaines de *Castra Severiana*, le Hadjar-Roum des Arabes.

Ces ruines se trouvent, comme Lamoricière du reste, sur le territoire des Oulad-Mimoun. Leur site est splendide; les deux chaînes de montagnes, au pied desquelles l'Isser roule ses flots tumultueux, s'écartent et entourent une plaine étendue, que terminent des tufs rougeâtres; dressant dans les airs leurs cimes escarpées au loin, au delà des plateaux du Tell, qui apparaissent à travers cette échancrure, le Djebel-Tessala limite l'horizon de sa croupe arrondie.

La plaine est coupée de jardins et de bouquets d'arbres; de riches moissons alternent avec les pâturages, et un ruisseau limpide répand partout autour de lui la fertilité et la vie.

C'est au milieu de ce beau site que s'étalent les ruines romaines, parmi lesquelles on a découvert d'intéressantes inscriptions.

On atteint enfin, à travers un terrain accidenté, Sidi-l'Hassen et Sidi-bel-Abbès (88 kilom.), qui s'élève au centre d'une plaine fertile, qu'arrose l'oued Mekerra et que domine au nord le Djebel-Tessala. Sidi-bel-Abbès a été créé, comme Fort-National, comme Tizi-Ouzou, comme Bordj-bou-Areridj, pour contenir des tribus remuantes. C'est donc un centre né d'hier, de l'histoire duquel il n'y aurait rien à dire s'il ne fallait rappeler la surprise dont le fort fut l'objet, en 1845, de la part d'une soixantaine de fanatiques. La garnison avait quitté, pour opérer une reconnaissance chez des Ouled-Sliman, le bordj qui n'était plus gardé que par les malades.

Surpris par les Arabes, ceux-ci se défendirent avec l'énergie du désespoir et, après une lutte opiniâtre, restèrent maîtres du terrain ; pas un des agresseurs n'échappa, tous furent exterminés.

Grâce à la fertilité du pays et à la salubrité du climat, à la position stratégique du fort, de nombreux colons vinrent s'établir aux environs de Sidi-bel-Abbès. Aussi cette ville, qui a été fondée en 1843, compte-t-elle déjà 12,000 habitants, et sa prospérité tend à s'accroître tous les jours.

Elle est entourée d'un mur bastionné et d'un fossé ; ses deux rues principales, larges de 25 mètres, ombragées par de splendides platanes, la partagent en quatre quartiers. De nombreuses fontaines alimentent la ville, qui possède une belle mairie, une église, un théâtre, un tribunal et des bâtiments militaires, casernes et magasins, d'une grande importance.

Les environs immédiats sont couverts de jardins ; plus loin de belles cultures, des fermes isolées et des villages témoignent de l'activité des colons qui ont remplacé les Beni-Amer émigrés au Maroc.

Le Tessala domine au nord la plaine de Sidi-bel-Abbès. On jouit de ses sommets (1059 mètres) d'une vue admirable. L'œil embrasse de là, en effet, une grande partie de la province.

La voie ferrée de Sidi-bel-Abbès à Oran a 77 kilomètres ; elle rejoint à Sainte-Barbe-du-Tlelat la ligne d'Alger. Presque toujours parallèle à la route, le chemin de fer descend d'abord la vallée de la Mekerra, passe sur l'oued Sarno et rejoint, après Oued-Imber, le Tlelat, qu'il suit jusqu'à Sainte-Barbe. Il traverse une région pittoresque, mais qui ne présente ni sites grandioses, ni centres importants.

La plaine de Tlelat, dont le village le plus important est Sainte-Barbe, touche à la plaine de Mleta, qu'elle limite à l'est. Cette vaste région, belle et fertile, s'étend depuis le grand lac Salé, qui la borne au nord, jusqu'au pied du Tessala et du Tafaraoui, dont les derniers contreforts viennent onduler légèrement son extrémité méridionale ; une route la traverse, reliant Sainte-Barbe à Er-Rahel, sur la route de Tlemcen. De magniques cultures maraîchères, de riches moissons, des bois, des villages florissants en font une des plaines les plus fécondes de la province, et les coupoles de nombreuses koubbas, rompant l'uniformité du paysage, charment le regard et invitent le touriste à goûter quelque repos sous l'ombrage de leurs arbres centenaires.

Les principaux centres de ce pays charmant sont: Arbâl, Tamzoura et la Mleta. Arbâl s'élève sur les ruines de Gilva-Colonia. Et près de la Mleta les sources thermales, salines et sulfureuses de Hammam-bou-Hadjar sont appelées à un certain avenir.

J'ai dit tout à l'heure que Sidi-bel-Abbès était située sur la grande route de Tlemcen à Tiharet ; cette route chemine à travers un pays pittoresque, coupé de ravins et de vallées, presque toujours au pied des montagnes, et suit le cours sinueux des rivières et des ruisseaux qu'elle côtoye jusqu'à ce qu'elle débouche dans la plaine d'Eghris, aux portes de Maskara.

Mercier-Lacombe, à 39 kilomètres de Sidi-bel-Abbès, est le premier centre important qu'on rencontre ; puis c'est Aïn-Fekkan, village nouveau, mais en pleine prospérité ; Tizi, où passe le chemin de fer d'Arzeu à Saïda ; enfin Saint-André, à 3 kilomètres de Maskara.

L'ancienne capitale d'Abd-el-Kader est située sur le versant méridional du Djebel-Beni-Chougran ; elle est le siège d'une sous-préfecture et d'une subdivision militaire. Son climat est sain, son sol fertile, la culture de la vigne y réussit fort bien et s'étend déjà sur plus de 900 hectares. L'olivier, le tabac, les céréales y donnent de fructueuses récoltes ; l'industrie européenne y consiste en fabriques d'huile et en minoteries ; les indigènes y tissent des zerdani ou burnous noirs, célèbres dans toute la colonie et dans le Maroc. Maskara, par son climat, son commerce, la fertilité de son sol et sa position centrale est donc réservé à un avenir brillant et prospère.

La ville, entourée d'un rempart, est bâtie, comme Oran, sur deux petites collines que sépare un ruisseau, l'oued Toudman. Les deux parties en sont réunies par quatre ponts qui enjambent le ravin.

Les constructions arabes et les constructions françaises n'offrent rien de remarquable : celles-ci sont ici, comme partout ailleurs, massives et sans grandeur ; celles-là sont sales et souvent ruinées. On n'a réellement à mentionner parmi les monuments de Maskara que ses trois mosquées, dont une seule est restée affectée aux Musulmans. La seconde est devenue l'église catholique, et la troisième, celle précisément où Abd-el-Kader prêchait la guerre sainte, un magasin de blé ou de fourrages. Mais ces mosquées, malgré leurs piliers et leurs arceaux, malgré leurs minarets, ne rappellent en rien la splendeur de celles de Tlemcen ou d'El-Eubbad. Le Beylik lui-même, le palais des anciens émirs, n'attire pas l'attention.

Il est, du reste, étonnant qu'après le pillage de la ville par les troupes mêmes d'Abd-el-Kader et le formidable incendie allumé par les Français, quand ils l'abandonnèrent, en 1835, on ait trouvé autre chose que des ruines quand on se décida à réoccuper la malheureuse cité.

Au sud s'étend le faubourg de Bab-Ali.

La route de Maskara à Oran est bien plus belle que celle de Sidi-Bel-Abbès. Il faut traverser, en effet, le Djebel-Beni-Chougran et le Djebel-Sidi-Bou-Ziri, dont les massifs dominent la route à droite.

C'est entre les deux montagnes que la route traverse le pont de l'Oued-el-Hammam, dont l'unique arche métallique enjambe la rivière dans une courbe hardie; après le pont, une montée de 7 kilomètres mène au col du Bou-Ziri, d'où l'on descend dans la plaine de Saint-Denis-du-Sig, qui a été décrite plus haut.

De Maskara à Tiharet, il y a 138 kilomètres; la route, à partir de Fortassa (60 kilom.), remonte la vallée de la Mina, et passe au pied des ruines de Takdemt, sur les flancs du Ghezzoul. Cette petite ville, où Abd-el-Kader s'était établi, fut complètement ruinée par nos troupes, en 1841. Elle ne s'est pas relevée depuis

Tiharet, sur la limite des provinces d'Alger et d'Oran, date de 1843 et remplace l'ancienne Tingartia des Romains. Il a été fondé pour servir de poste d'observation pendant la lutte avec Abd-el-Kader. Comme tant d'autres centres créés à cette époque sur l'extrême lisière du Tell, il devait permettre à nos colonnes de prendre l'ennemi à revers, s'il essayait de pénétrer à travers les montagnes jusqu'aux possessions du littoral; par leur proximité du désert, ces établissements militaires permettaient aussi de poursuivre les dissidents jusque dans le Sahara algérien, quand ils se repliaient sur le Sud.

Tiharet n'a que 2,600 habitants, dont 550 Français; il se compose de la ville, avec une église, un marché, un caravansérail, des écoles, et du fort qui renferme les constructions militaires. Les terres qui l'entourent sont fertiles; les céréales et la vigne y réussissent particulièrement. Tiharet est sur les confins du Sersou, plaine monotone qui fait déjà partie des Hauts-Plateaux.

A 13 kilomètres au sud de cette ville se trouve le saut de la Mina. La rivière, un des principaux affluents du Chélif, se précipite, d'une hauteur de 40 mètres, du haut des rochers au fond du ravin de Hourara; un peu plus loin, près des sources de la Mina, le colonel Bernard a découvert trois édifices prismatiques, construits en belles pierres calcaires bien travaillées. M. Bordier a pu pénétrer dans le plus grand de ces *djedar*, et y a découvert des galeries et des salles qui ont certainement servi à des sépultures; d'après une inscription, effacée aujourd'hui, qui se trouvait sur l'un de ces monuments, on en peut rapporter la construction à Salomon, sous le règne de Justinien.

Il nous faut quitter maintenant les régions fertiles du Tell, avec leurs hautes cimes et leurs vallées plantureuses, pour nous engager dans les steppes des Hauts-Plateaux.

Là, le paysage revêt un caractère austère et monotone; la plaine s'étend au loin désolée, couverte d'alfa, dont le vent fait onduler les tiges et les feuilles, comme les vagues de la mer; les villes sont rares, les villages, pauvres et misérables, ont plus de gourbis que de maisons, et l'on sent déjà, à l'aspect triste du pays, que l'on approche du Désert.

L'exploitation en grand de l'alfa a donné cependant une certaine vie à ces steppes incultes, et le chemin de fer d'Arzeu à Saïda, en diminuant la lenteur et la cherté des transports, a été pour ce pays un immense bienfait. Les Hauts-Plateaux se ressentent alternativement du voisinage des montagnes du Tell et de la proximité du Sahara. Le même jour, la température y peut osciller de 0° à 28°; en plein été souvent, dit M. Trabut (1), il y gèle par suite du rayonnement nocturne; mais c'est la rareté des pluies qui en est le trait dominant.

Ces solitudes sont parcourues par des ruisseaux peu abondants, intermittents, qui réunissent leurs eaux dans les dépressions du sol et y forment les Chotts. Ces eaux s'y évaporent rapidement, se chargent de sel et disparaissent souvent tout à fait, en laissant au fond du bassin une épaisse vase salée; d'autres fois, elles deviennent de véritables marécages. La végéta-

---

(1) M. Trabut: *Botanique de l'Algérie*, Revue scient. de la France et de l'étranger (année 1881).

tion, dans ces régions, se ressent de la qualité du sol et de la rudesse du climat ; le seul betoum (pistachier) élève par moment sa cime vigoureuse au-dessus des herbes qui couvrent le sol ; autour des chotts, on rencontre quelques plantes alophiles, telles que des chénopodiacées, des plumbaginées ; presque partout ailleurs l'alfa règne en maître. L'alfa est une graminée so-

Pied d'Alfa.

ciale, dont l'industrie a su, dans ces derniers temps, tirer un grand parti ; les tiges et les feuilles de cette plante servent à faire de la pâte à papier, des tapis, des tissus, de la sparterie. Mais il faut, dans l'exploitation de l'alfa, ménager, ce que l'on ne fait pas assez, les racines et les tiges souterraines de la plante ; autrement, on tue la poule aux œufs d'or, en empêchant la reproduction incessante et spontanée.

Une route, qui longe les derniers contreforts du massif tellien, traverse dans toute leur longueur les Hauts-Plateaux au nord ; elle part de Sebdou, passe par la plaine du Ghor et arrive à Daïa, située au milieu d'une forêt de chênes et de pins, à 1275 mètres d'altitude. Daïa est le chef-lieu d'une commune mixte de 9,000 habitants, dont 137 Français ; sa population s'augmente beaucoup au temps où l'on récolte l'alfa ; ce fait se reproduit pour tous les centres des Hauts-Plateaux. De nombreux travailleurs, parmi lesquels les Espagnols sont en majorité, viennent du littoral et même du dehors se louer pour la saison. Ces vastes steppes prennent alors une animation extraordinaire ; puis, la récolte finie, ils s'en retournent à travers le Tell, et les Plateaux, un moment pleins de vie, sont rendus à leur uniformité désolante et à leur morne solitude.

Deux routes mènent de Daïa à Sidi-bel-Abbès : l'une par Sidi-Ali-ben-Youb, à droite de Djebel-Tezanera (1059 mètres), l'autre par Tenira, sur l'oued Tralimet.

Saïda, que les massacres de 1881 ont rendue célèbre, est la seconde ville que l'on rencontre sur la route de Sebdou à Tiharet ; entre elle et Daïa on traverse le Djebel-Tendfelt, en passant par Tefessour et Oued-bou-Atrous, qui ne sont que des gîtes d'étapes. Saïda, bâtie en 1854, à 2 kilomètres des ruines de la Saïda d'Abd-el-Kader, est une petite ville de 4,500 habitants environ; elle n'a guère qu'une rue, qui va de la caserne à la gare du chemin de fer. Elle possède une église, un hôpital, des écoles et est entourée d'une muraille crénelée. A Aïn-Hadjar, à 10 kilomètres au sud, se trouvent les ateliers de compression où, après la récolte, on réduit l'alfa en ballots du plus petit volume possible.

Les environs de Saïda sont couverts de belles forêts; le chemin de fer, qui la relie à Arzeu, a été continué jusqu'au Kreider, ksar inhabité situé sur mamelon entre les deux principaux bassins du Chott-ech-Chergui. Il est devenu un poste avancé dont les malheureux événements de 1881 ont démontré l'importance; il domine le pays, et on peut espérer que, grâce à son occupation, les mers d'alfa ne seront plus rougies à l'avenir du sang de nos colons. La voie ferrée a 216 kilomètres; elle présente sur son parcours des sites vraiment pittoresques, surtout dans la partie comprise entre Perrégaux et Saïda. Les principales stations sont Franchetti, Taria, Tizi, Oued-el-Hammam, Perrégaux, où l'on admirera le barrage de l'oued Fergoug; la voie longe l'immense nappe d'eau formée par le barrage, et la domine du haut d'une rampe vertigineuse suspendue au flanc de rochers presque perpendiculaires. Debrousseville, La Makta, Saint-Leu sont de gais villages dont les cultures riantes reposent l'âme au sortir des défilés de Perrégaux; après La Makta, la voie longe la mer jusqu'à Arzeu.

Saïda est située à l'intersection des routes de Maskara, de Géryville et de Frenda. Cette dernière passe par Aïoun-el-Beranis, Tagremaret et Aïn-el-Hadid. Frenda, chef-lieu d'une commune mixte de 24,000 habitants, dont 120 Français, est un poste militaire important ; elle est située, en effet, sur la lisière des Hauts-Plateaux, dont elle commande l'entrée de ce côté, et complète, avec Saïda et Tiharet, ses voisines, la ligne de défense du Tell. Elle est entourée de belles forêts de pins et de cultures bien entretenues ; 56 kilomètres la séparent de Tiharet ; on ne trouve, sur la route qui les relie, que les gîtes d'étapes d'Aïn-Temouflet et de Sidi-bel-Kacem. Une autre route la met en communication avec Maskara ; c'est sur cette route et près de cette ville que se trouve Kachrou, où Abd-el-Kader passa sa jeunesse, et où quelques tribus fanatiques le proclamèrent émir des Croyants. C'est de Kachrou qu'il partit pour faire à la France cette guerre incessante et meurtrière qui devait durer quinze années, et d'où il sortit enfin, vaincu et brisé, pour prendre le chemin douloureux de l'exil.

Le territoire des Oulad-Sidi-Cheikh, tribu puissante et remuante, si durement châtiée en 1881, s'étend depuis les Hauts-Plateaux, au nord, jusqu'au Sahara avec lequel il se confond, au sud. Trois routes le traversent, en partant de Tlemcen à l'ouest, de Saïda au centre, de Frenda à l'est ; elles ouvrent, dans ces régions encore en partie inexplorées, de larges brèches par lesquelles nos colonnes expéditionnaires peuvent pénétrer jusqu'au cœur du pays.

La route de Tlemcen aux oasis occidentales des Oulad-Sidi-Cheikh passe par Sebdou ; de là, elle coupe le plateau de Gor, en passant par de belles forêts de chênes, et arrive sur les hauts plateaux de la Daïa-el-Ferd, où commence l'alfa, et à El-Aricha (1300 mètres d'altitude). Puis, à travers d'immenses plaines nues et sans eau, où la végétation est réduite à sa plus simple expression, on atteint les bords du Chot-el-R'arbi, ou de l'Ouest. Ce lac est divisé en deux parties par une étroite langue de terre sur laquelle passe la route; la partie occidentale appartient au Maroc. Ce lac est généralement à sec. Au delà des Chotts s'étend le territoire des Hamian, qui est séparé de celui des Oulad-Sidi-Cheikh par les massifs des Djebel-Mekter et du Mir-Djebel; ce territoire est uni et plat; seules les collines du Djebel-Guettar et du Djebel-Amara élèvent leurs croupes au-dessus de la plaine uniforme et triste. Après avoir franchi le Djebel-Amara, on arrive à Aïn-ben-Khrelil, petite redoute à 1190 mètres d'altitude, destinée à défendre de ce côté la frontière contre les incursions des tribus marocaines; puis, la plaine devient de plus en plus aride; des dunes, des collines sablonneuses la coupent de temps en temps; la végétation disparaît : on entre dans le désert.

Des oasis émaillent cette région attristée, surgissant tout à coup au milieu des sables, partout où jaillit une source répandant autour d'elle, avec ses eaux bienfaisantes, la verdure et la vie. Aïn-Sfisifa est la première de ces oasis; bâtie en amphithéâtre sur un plateau incliné à l'est, elle compte 1,100 habitants. Le ksar est entouré de jardins, mais il ne possède pas de palmiers. Mor'ar-Tahtania, plus au sud, est situé au milieu d'une forêt de dattiers de 3 kilomètres de long; avant d'y arriver, on aperçoit les ruines de Mor'ar-Foukania, détruite en 1881 par le général Delebecque. Mor'ar-Tahtania est l'oasis la plus méridionale des Oulad-Sidi-Cheikh, à l'ouest.

Deux autres oasis importantes, Aïn-Sefra et Tiout, se trouvent dans le voisinage d'Aïn-Sfisifa.

Le ksar d'Aïn-Sefra, propre et bien bâti, est adossé aux dunes; les palmiers y sont rares, et ses jardins sont sans cesse menacés par les sables, que chaque tempête soulève en tourbillons au pied de l'oasis.

Tiout est bâti à 1055 mètres d'altitude; le ksar emprunte à sa position une originalité singulière. Il est complètement enfoui au milieu d'une végétation luxuriante, et couronné par de grands rochers de grès rouges; le ruisseau, large et limpide, qui arrose les jardins, reflète ses maisons croulantes et les panaches de ses dattiers; les vignes énormes suspendent leurs festons déliés aux amandiers, aux figuiers et aux pêchers.

Tiout a une mosquée, dont les arcades seules sont en pierre. Le reste de l'édifice, comme les maisons du ksar, est bâti en briques cuites au soleil.

C'est dans ces ksours de l'ouest que les Hamian conservent leurs trésors. Chaque ksar a sa djemâ et son administration propres; toujours rivaux, ils sont souvent en lutte ouverte l'un contre l'autre, mais ils reconnaissent tous comme chefs suprêmes les Oulad-Sidi-Cheikh, descendants du Prophète.

On atteint les oasis de la partie centrale des Oulad-Sidi-Cheikh par Saïda et Géryville; la route se dirige vers le sud-ouest, à partir de la première de ces villes, en franchissant la région la plus élevée des Hauts-Plateaux, entre Tafraoua et le caravansérail d'El-Maï; la partie méridionale du plateau étend sans une ondulation jusqu'au Chott-ech-Chergui ses vastes solitudes. Elle donne bien l'illusion de la pleine mer, avec ses tons verdâtres, et, lorsque le vent agite les tiges de l'alfa, on croit voir les flots déferler à ses pieds.

Le Chott-ech-Chergui, ou de l'Est, est un vaste bassin de 140 kilomètres de long sur 15 à 20 de large ; les bords en sont déchiquetés, creusés, ravinés de mille manières ; les ruisseaux qui l'alimentent n'y versent que des eaux pluviales : il est donc souvent à sec et montre son fond mêlé de sable et de boue gypseuse, auxquels les cristaux de sulfate de chaux, qu'ils contiennent en grand nombre, donnent des reflets irrisés et un miroitement continuel. C'est au moins autant à la présence de ces cristaux qu'il faut attribuer la fréquence du mirage, sur les bords des chotts, qu'à certaines conditions atmosphériques, qu'on a voulu seules invoquer.

C'est aussi sur les rives de ces lacs salés que l'on rencontre les gazelles et les antilopes, qui se cachent dans les épais paquets d'alfa dès qu'un bruit insolite a frappé leurs oreilles.

La route traverse le Chott-ech-Chergui, passe à côté du pittoresque caravansérail de Sefsifa, qu'ombragent de magnifiques tamarins au feuillage bleuâtre, franchit la gorge des Romarins, où l'Oued-el-Abiod est subitement encaissé entre une chaîne de collines, d'un côté, et une muraille rocheuse de l'autre, où s'accrochent quelques romarins rabougris et chétifs, et atteint Géryville, que l'on découvre en sortant du défilé étroit et désert au fond duquel l'Oued-el-Abiod roule ses flots écumants.

Géryville est située au sud du Djebel-Ksel, à l'ouest du Djebel Delaâ, à 1300 mètres d'altitude. Elle se compose d'une redoute carrée qui renferme les bâtiments militaires, et d'un petit village avec église et écoles placé au dehors des remparts, ainsi que le bordj, construit autrefois par Si-Hamza, Khralifa des Oulad-Sidi-Cheikh. Quoique le froid s'y fasse quelquefois rudement sentir et que les chaleurs y soient souvent très fortes, le climat de Géryville est sain, et de nombreuses sources, d'un débit abondant, arrosent le ravin dans lequel elle est située. Elle est le chef-lieu d'une commune mixte de 15,000 habitants, parmi lesquels on ne compte qu'une cinquantaine de Français.

On s'enfonce de plus en plus dans le sud à partir de ce petit centre, qui fut longtemps notre dernier poste dans ces parages. On franchit les contreforts du Djebel-Ksel par un col facilement abordable, et, passant devant les Koubbas de Sidi-El-Hadj-ben-Ahmeur et d'Abd-el-Kader-ed-Djilali, on pénètre dans le pays raviné et rocheux des Arbâouat, dont l'horizon est borné par des collines arides, abruptes, profondément déchirées, et dominées par le Djebel-bou-Noktà. Les Arbâouat sont deux ksours bâtis sur les bords de l'oued Gouleïta; ils sont entourés d'une muraille flanquée de tours qui affectent la forme de pyramides élancées, tronquées à leur sommet et percées de créneaux. De loin, lorsque le soleil fait miroiter leurs murs, leurs koubbas et leurs maisons, les deux ksours paraissent avec la verdure qui les entoure un séjour délicieux; de près, c'est un ramassis d'horribles masures, de gourbis en pisé, qui suintent la misère et la saleté. Les jardins sont pauvres et arides, les arbres rabougris et mal venus. Les malheureux habitants de ces ruines mènent une existence affreuse. Ils ne vivent que du salaire que leur payent les nomades qui leur confient leurs grains, leurs dattes et leur beurre; les maigres légumes, les fruits dégénérés de leurs vergers suffisent à peine à apaiser leur faim. Cette pauvreté se retrouve du reste chez tous les habitants des ksours du désert; mais telle est la force de l'habitude, tel est l'attachement au sol que ces malheureux, décimés par la fièvre, la lèpre, les ophthalmies et mille autres maladies, trouvant à peine sur leur maigre territoire de quoi ne pas mourir de faim, se cramponnent à la terre natale et aiment mieux souffrir en silence que de s'exiler et chercher ailleurs leur pain et celui de leur famille.

Pour atteindre El-Abiod-Sidi-Cheikh, on va droit au sud en longeant d'abord l'oued Gouleïta; puis, après avoir franchi une dernière rangée de collines, dont les ondulations viennent en mourant se confondre avec la plaine du Sahara, on aperçoit les cinq ksours d'El-Abiod et les coupoles de ses koubbas, tandis qu'au sud-ouest le regard cherche en vain à scruter l'immensité du Désert. Les cinq ksours sont groupés autour de la fameuse koubba de Sidi-Cheikh, et couronnent de petits mamelons qui s'étagent sur les bords de l'oued Abiod; quelques bouquets de palmiers, des jardins complètent l'oasis, qui peut être peuplée de 2,000 âmes environ. Il existe de nombreuses koubbas à El-Abiod; toutes renferment les restes de marabouts vénérés; mais la plus importante et la plus célèbre est, ou plutôt était, celle de Sidi-Cheikh lui-même. Ce saint homme vivait au XVIIe siècle et jouissait d'une influence énorme que justifiait son savoir, sa foi ardente, sa justice et son habileté. Son tombeau est depuis 150 ans l'objet de la vénération des vrais croyants qui viennent y prier, et surtout aussi y entendre des prédications fanatiques dont les intérêts français se ressentent vivement.

A la suite des massacres de Saïda et de l'insurrection des Oulad-Sidi-Cheikh, en 1881, le colonel de Négrier, aujourd'hui général, résolut de frapper par une mesure audacieuse l'imagination des Arabes. Il fit démolir la koubba d'El-Abiod et transporter en grande pompe les restes du marabout à Géryville. C'était en même temps jeter la consternation parmi ces tribus remuantes, porter un coup terrible au fanatisme musulman et supprimer un foyer de révolte perpétuelle. La Koubba, avant sa destruction, était surmontée d'une grande coupole et de quatre dômes plus petits, placés aux angles. L'intérieur, orné de riches tapis, de lampes et de miroirs, contenait le tombeau du saint, que des étoffes précieuses cachaient à tous les regards.

Au sud-ouest d'El-Abiod se trouve Bou-Semr'oun : ce ksar est le cloaque le plus immonde du désert. Pourtant les maisons y sont pour la plupart construites en pierre; elles ont un étage, et les rues sont assez larges. Les détritus de toutes sortes, les excréments des habitants et de leurs animaux y pourrissent en toute liberté sous un soleil ardent : c'est une infection. La mosquée et la koubba de Sidi-Ahmed-Tedjini sont bien bâties; la dernière surtout est un remarquable morceau d'architecture. Bou-Semr'oun est entourée d'une oasis assez grande, où l'on voit de superbes dattiers.

La troisième route qui, d'Oran, mène aux Oulad-Sidi-Cheikh, passe par Maskara et Frenda, et traverse les Hauts-Plateaux à l'est du Chott-ech-Chergui. Près de l'oued Sidi-Nasseur, à 50 kilomètres sud du Chott, se trouvent les tentes des Oulad-Sidi-Nasseur, près des koubbas où reposent les cendres de leurs pères. C'est une tribu religieuse plutôt que militaire; elle cultive les terrains situés à droite de l'oued. De là, après avoir passé entre le Djebel-Ksel et le Djebel-Khrima, on arrive à Géryville, d'où l'on se dirige brusquement vers l'est. Stiten est bâti sur le ruisseau du même nom, à 15 kilomètres de Géryville. C'est un ksar défendu par un fossé, une muraille en pisé et une sorte de citadelle ou kasbah qui domine le village. Des maisons en tôb bordent les ruelles tortueuses où grouille une population déguenillée. Les habitants de Stiten sont cultivateurs; leurs jardins, sur les bords de l'oued, sont bien entretenus; ils y récoltent de l'orge et quelques fruits. On fabrique encore dans cette petite ville des étoffes de laine et du goudron.

R'asoul est bâtie sur un escarpement qui se détache de la chaîne du Djebel-Riar; le ruisseau qui baigne les pieds du ksar arrose des champs de blé et d'orge. Le ksar est protégé par un fortin; maisons et kasbah sont en pisé.

Après R'asoul la route passe par le défilé des Dattes, qui doit son nom au fait suivant. Une caravane, chargée de dattes et revenant du Gourara, passait par ce défilé; les chameaux glissèrent sur le sol pavé de grandes dalles de la gorge, et s'abattirent; on dut les décharger. C'était sans doute une aventure extraordinaire, puisque le nom en est resté au défilé où eut lieu l'accident. On franchit ensuite le Khreneg-el-Arouïa, fissure étroite entre deux parois rocheuses, de 50 mètres de haut, et on entre dans le Sahara. Les troupes françaises qui les premières traversèrent ce défilé sauvage l'ont appelé la Porte du Désert. Son nom arabe lui vient d'une gazelle (arouïa) qui, d'un bond, l'aurait franchi pour échapper à la poursuite des chasseurs ; ce fait seul prouve quelle est l'étroitesse de la coupure rocheuse.

Brezina est la dernière oasis des Ouled-Sidi-Cheikh à l'est. Nos troupes la visitèrent pour la première fois en 1845 ; c'est un ksar construit en pisé, défendu par un mur et par un fossé. Il est situé à l'extrémité de l'oasis, que protègent en outre trois fortins, bâtis sur ses côtés ; de beaux jardins s'étendent à l'ombre de 14,000 palmiers, et produisent des légumes et des fruits de toutes espèces. C'est à Brezina qu'arrivent les caravanes qui viennent des oasis des Beni-M'Zab.

De Stiten, comme de Brezina, on peut arriver à Ouargla. La route passe par Sidi-Tifour et par Aïn-Teïba, source saumâtre au pied d'une montagne de sel qui affecte des teintes bleues et violettes, entrecoupées de grandes traînées blanches, ce qui leur donne un aspect à la fois charmant et bizarre ; les Arabes viennent de près et de loin y faire leurs provisions de sel, et le Djebel-el-Melh est célèbre dans tout le Sahara Oranais et Algérien.

Tadjrouna est une oasis qui n'a ni palmiers ni jardins ; le ksar n'a d'autres richesses que l'eau de l'oued Melh. Quand les pluies ont gonflé le ruisseau, un barrage permet d'inonder la dépression où est situé le village ; puis, quand la terre est détrempée, on sème l'orge ou le blé. Deux mois suffisent pour mûrir les moissons.

Metliti est la dernière oasis sur la route de Ouargla. Placé sur le sommet d'une colline, le ksar domine de beaux jardins qu'alimentent deux ruisseaux ; construites en briques séchées au soleil, les maisons à moitié ruinées entourent la mosquée, qui dresse son minaret au point le plus élevé du piton. Les habitants ont profité des moindres parcelles de terrain pour y installer leurs cultures ; mais que de peines et de travaux quand le ciel est longtemps radieux, que les pluies tardent à venir, ou que les orages passent au-dessus de l'oasis sans l'inonder de leurs eaux bienfaisantes !

Metliti est à 180 kilomètres d'Ouargla. Sur ce long parcours, on ne trouve plus une source, plus une goutte d'eau. On ne rencontre plus que des dunes et des sables, une végétation tourmentée et sans vigueur, et c'est avec des cris de joie que les caravanes découvrent au loin les palmiers et les jardins derrière lesquels se cache Ouargla.

BIBLIOGRAPHIE

Piesse. — *Itinéraire de l'Algérie et de la Tunisie.* Paris, Hachette, 1882.

R. Postel. — *Le Sahara.* Paris, A. Degorce-Cadot, 1883.

Association française pour l'avancement des Sciences. — Notices scientifiques, historiques et économiques sur *Alger* et l'*Algérie*, 2 vol. in-8. Alger, Jourdan, 1881.

M. Wahl. — *L'Algérie.* Paris, Germer-Baillière, 1883.

Hanoteau et Letourneux. — *La Kabylie et les coutumes kabyles*, 3 vol. in-8, Paris, Imp. Nationale, 1872.

E. Fromentin. — *Un Été dans le Sahara*, in-12. Paris, Michel-Lévy, 1858.

E. Fromentin. — *Une Année dans le Sahel*, in-12. Paris, Michel-Lévy, 1859.

Dr Leclerc. — *Les Oasis de la province d'Oran ou les Oulad-Sidi-Cheikh*, in-8. Alger, Tissier, 1858.

Bargès (l'abbé). — *Histoire des Beni-Zeïan, rois de Tlemcen*, traduite de l'arabe, in-12. Paris, Duprat, 1853.

Bargès (l'abbé). — *Tlemcen, sa topographie*, etc., in-8, Paris, Duprat, 1859.

Berbrugger. — *L'Algérie*, 3 vol. in-f°. Paris, Delahaye, 1842-45.

C. Nodier. — *Journal de l'expédition des Portes de Fer*, in-8, avec gravures. Paris, Imp. Royale, 1844.

F. Hugonnet. — *Souvenirs d'un chef de bureau arabe*, in-12. Paris, Michel-Lévy, 1858.

De Lamothe. — *Les populations algériennes*, Bulletin de la Société française pour la protection des indigènes des colonies, numéro du 1er mars 1882. Paris, Guillaumin.

Goblet d'Alviella. — *Sahara et Laponie.* Paris, Plon, 1876.

A. Choisy. — *Le Sahara.* Paris, Plon, 1881.

V. Largeau. — *Le pays de Rirha; Ouargla.* Paris, Hachette, 1879.

V. Largeau. — *Le Sahara algérien.* Paris, Hachette, 1881.

E. Daumas. — *Mœurs et coutumes de l'Algérie.* Paris, Hachette, 1853.

La Revue scientifique de la France et de l'étranger, année 1881. Paris, Germer-Baillière.

Carte de l'Algérie, dressée au dépôt de la guerre, 4 feuilles, 1876.

Carte routière des environs d'Alger, à l'échelle de $\frac{1}{120.000}$ par Chenioux-Franville. Alger.

Carte des étapes de la province de Constantine. Jourdan, Alger, 1876.

Carte des étapes de la province d'Oran. Jourdan, Alger, 1881.

Le Tour du monde, nouveau journal des voyages, gr. in-8. Paris, Hachette.

TABLE DES MATIÈRES

PREMIÈRE PARTIE

Situation géographique. — Climat. — Ethnographie. — Administration. — Mœurs. 1
PROVINCE DE CONSTANTINE. — Bône. — Constantine. — Sétif. — Mila. — Bougie. — Djidjelli. — Collo. — Batna. — Tebessa. — Biskra. — Tougourt. — Bordj-bou-Areridj. 17

DEUXIÈME PARTIE

PROVINCE D'ALGER. — Alger. — Blidah. — Orléansville. — Ténès. — Milianah. — Médéah. — Aumale. — La Kabylie. — Laghouat. — Ouargla. 105
PROVINCE D'ORAN. — Saint-Denis-du-Sig. — Oran. — Arzeu. — Mostaganem. — Tlemcen. — Sidi-bel-Abbès. — Maskara. — Saïda. — Tiharet. — Les Oulad-Sidi-Cheikh. 167
BIBLIOGRAPHIE. 229

Paris, Imprimerie TOLMER et Cie. — Succursale à Poitiers. — 121.

TABLE DES GRAVURES

Un défilé en Kabylie (Frontispice.)	Pages.
Chef arabe	14
Un Caravansérail	23
Constantine en 1840	33
Marchand juif à Constantine	39
Une mauresque en costume de ville »	41
Kabyle se rendant au travail	60
Fort de Takilount	64
Route des Caravansérails de Sétif à Bougie	65
Un douar	95
Une vue d'El-Kantara (Oasis de ce nom)	97
Une rue dans la ville haute à Alger	113
Médéah	126
Le bois sacré à Blidah	129
Femme arabe	139
Maison kabyle	145
Jeunes fillettes de Médéah	155
Bordj près de Tali-Fessert	161
Anciens remparts de Tlemcen	186
La mosquée d'El-Eubbad	193
Porte de Bab-el-Khremis	201
Pied d'Alfa	215